RECUEIL

DE

POÉSIES

PARIS

IMPRIMERIE Vᵛᵉ ÉTHIOU–PÉROU

Rue Damiette, 2 et 4

1879

A M

En souvenir de M. Victor FROUSSARD

Ancien Secrètaire Gènèral
de la Prèfecture de la Haute-Marne.

RECUEIL

DE

POÉSIES

POÉSIES

Du profond de l'abîme, entends ma voie plaintive
Qui crie à toi : Seigneur, Seigneur, entends ma voix !
     Oh ! rends ton oreille attentive
A la voix d'un pêcheur qui t'implore aux abois.

Si des iniquités tu recherches la trace,
Seigneur, qui soutiendra l'épreuve devant toi ?
     Mais ta clémence les efface ;
En toi je m'affermis à cause de ta loi.

Mon âme en sa parole a mis son assurance ;
Dans le Seigneur mon âme a placé son espoir :
     D'Israël qu'il soit l'espérance,
De l'aube du matin jusqu'aux ombres du soir.

Car sa miséricorde est grande ; elle est extrême,
La grâce rédemptrice auprès de l'Éternel.
     De leurs iniquités lui-même
Un jour rachètera les enfants d'Israël.

Mai 1858

L'ANGELUS

Quand sonne l'heure consacrée à la Sainte Vierge, nos Anges gardiens s'arrêtent par respect, et, si nous n'en faisions autant, nous irions seuls et sans eux.

(*Journal pour Tous* du 16 Mai 1860, La Famille Alvareda.)

———

Enfant, arrêtons-nous !
On sonne la prière :
Tous deux dans la poussière
Mettons-nous à genoux.

Eh ! pourquoi donc, mon père,
S'arrêter en chemin ?
Le village est voisin,
Gagnons notre chaumière.

Enfant, n'entends-tu pas
La cloche qui résonne ?
C'est l'Angelus qui sonne,
A l'Église là-bas,

La prière angélique !
Souviens-toi, mon enfant,
De ce que bien souvent
Ta grand'mère t'explique.

Vers la mère de Dieu,
Au ciel, comme sur terre,
Cette sainte prière
S'élève de tout lieu.

Lorsque l'heure divine
Court dans l'air, aussitôt
Anges et saints, là-haut
Dans le ciel, tout s'incline.

Ici-bas, par respect
L'ange gardien s'arrête,
Se recueille et s'apprête
A prier en secret.

L'homme qui ne l'imite
Perd l'appui, tu vois bien,
De son ange gardien
Qu'imprudemment il quitte.

Enfant, arrêtons-nous !
On sonne la prière :
Tous deux dans la poussière
Mettons-nous à genoux.

23 Mai 1860.

DIES IRÆ

Un jour, jour de colère et de juste vengeance,
L'étendard de la croix paraîtra dans les airs
Et les flammes du ciel, dans un ravage immense,
    Embraseront tout l'univers.

Aux sépulcres profonds, la trompette éclatante
Réveillera les morts endormis en tout lieu,
Et les appellera, terminant leur attente,
    Par-devant le trône de Dieu.

Quand s'ouvrira la tombe à tout ce peuple blême,
La nature, en ses lois troublée, en tremblera,
Et la mort, s'étonnant de se vaincre elle-même,
    La mort s'en épouvantera.

Quelle terreur alors, quel effroi, quelle honte
S'empareront de tous, quand on verra venir
Le Grand Juge d'en haut qui va demander compte
    Pour pardonner et pour punir !

Sous sa main s'ouvrira le livre redoutable
Où tout est contenu, le livre accusateur
Qui, pour juger chacun, innocent ou coupable,
    Sera le grand révélateur.

Rien ne sera caché pour le Souverain juge ;
Tout ce qu'on ne voit point au jour éclatera ;
Le crime, devant lui, n'aura plus de refuge ;
    Rien d'invengé ne restera.

Malheureux que je suis ! En ce moment suprême
Que dire ? que répondre ? où trouver quelque appui ?
Quel patron invoquer, quand le juste lui-même
    A peine sera sûr de lui ?

O Majesté terrible et non pas implacable,
Indulgente à l'élu par vous amnistié,
De même aussi, pour moi, montrez-vous favorable,
    Sauvez-moi, source de pitié !

Doux et tendre Jésus, qui, pour moi, sur la terre,
Êtes venu, conduit par un divin amour,
De moi souvenez-vous, en cette heure dernière,
    Ne me perdez pas en ce jour !

Vous avez, me cherchant, fatigué votre vie ;
De votre mort en croix mon rachat fut le prix :
Que tout ce saint labeur, cette peine infinie
    N'aient pas en vain été subis.

Juge juste et vengeur, contre votre justice,
Contre votre vengeance, ô Dieu ! protégez-moi !
Qu'un pardon paternel me couvre et m'affranchisse
    Avant ce jour de stricte loi.

Dans l'amer repentir dont mon âme est remplie,
Je gémis et mon front se couvre de rougeur;
Au pécheur qui s'accuse et tremblant vous supplie
    Pardonnez, pardonnez, Seigneur.

Vous avez relevé la femme pécheresse;
Vous avez, sur sa croix, écouté le larron;
Vous m'avez, à moi-même aussi, dans ma détresse,
    Accordé l'espérance en don.

Je le sais trop, hélas! ma prière est indigne;
Mais bien plus grande encor que mon indignité,
Que, des flammes sans fin, votre clémence insigne
    Me sauve dans l'éternité!

Condamnant les maudits à ces flammes cruelles
Ne me confondez pas avec ces malheureux.
Faites qu'à votre droite, où seront vos fidèles,
    J'obtienne place au milieu d'eux.

Suppliant, prosterné, daignez, daignez m'entendre!
Laissez venir à vous la prière qui sort
D'un cœur que le remords brise et réduit en cendre.
    Venez m'assister dans ma mort!

O jour de pleurs tardifs et de deuil lamentable,
Où du sein déchiré de cette terre en feu
Doit, pour être jugé, surgir l'homme coupable!
    Pardon aussi pour lui, mon Dieu!

                Août et Septembre 1860.

PRÉFACE

——————

Il est digne, équitable, et salutaire et juste
Que nous vous rendions grâce en tout temps, en tout lieu,
    O vous, Seigneur, éternel Dieu,
    Dieu tout-puissant, père saint, maître auguste,
        Par Jésus-Christ, notre Seigneur,
En qui vous nous avez accordé l'espérance
        D'un avenir nouveau,
        D'une heureuse existence
Au delà de la mort, au delà du tombeau,
Afin qu'en même temps qu'à l'humaine nature
L'inévitable mort inspire tant d'effroi,
        De l'immortalité future
La promesse soutienne et console la foi.
Vos fidèles, Seigneur, savent bien que la vie
Se transforme pour eux, ne leur est pas ravie,
        Et quand sur cette terre, un jour
Leur demeure s'abîme à jamais ruinée,
Qu'une autre se prépare au céleste séjour
Qui, dans l'éternité, pour eux est destinée.

Dans cet espoir où nous nous confions
Avec les Anges, les Archanges
Et les Trônes, aussi les Dominations
Et les célestes Régions,
Par un hymne sacré, célébrant vos louanges,
Nous répétons en chœur, dans un concert pieux,
Ces paroles sans cesse et sans fin acclamées :
O Saint, ô Saint, ô Saint, Seigneur, Dieu des armées !
Votre gloire remplit et la terre et les cieux.
Béni, qui vient au nom du Seigneur glorieux.

Janvier 1861.

L'ASSOMPTION

CHŒUR.

Jour de triomphe et de mystère !
Jour sacré ! jour victorieux !
O Vierge sainte ! ô sainte Mère !
  Gloire à vous sur la terre !
  Gloire à vous dans les cieux !

I

Le céleste concert apprête
Les plus mélodieux accords :
Les Saints, les Anges sont en fête,
Et Dieu sourit à leurs transports.

Le ciel attend sa souveraine,
Les Saints, une sainte de plus ;
Les Anges attendent leur reine,
Et Dieu, la Mère de Jésus.

CHŒUR.

Jour de triomphe et de mystère !
Jour sacré ! jour victorieux !

O Vierge sainte! ô sainte Mère!
Gloire à vous sur la terre!
Gloire à vous dans les cieux!

II

Enfin de sa terrestre vie,
Le dernier instant est venu;
Il passe, et la vierge Marie
De notre terre a disparu.

Ne cherchez nulle part sa trace
Ici-bas, enfants d'Israël;
Le ciel avait marqué sa place,
Elle s'envole vers le ciel.

Chœur.

Jour de triomphe et de mystère!
Jour sacré! jour victorieux!
O Vierge sainte! ô sainte Mère!
Gloire à vous sur la terre!
Gloire à vous dans les cieux!

III

Ce n'est plus la Galiléenne,
L'humble femme du Charpentier,
De la pauvreté, de la peine,
Suivant l'étroit et dur sentier.

Ce n'est plus l'humble et pauvre mère,
La mère aux suprêmes douleurs,
Près d'expirer sur le Calvaire
En baignant la croix de ses pleurs.

Après les longs jours de souffrance,
Le jour du triomphe est venu;
Dieu mesure la récompense
Sur la peine et sur la vertu.

Reine puissante et glorieuse,
Mère du Christ, auprès de lui
Elle va, douce et gracieuse,
Régner dans le Ciel aujourd'hui.

CHŒUR.

Jour de triomphe et de mystère!
Jour sacré! jour victorieux!
O Vierge sainte! ô sainte Mère!
Gloire à vous sur la terre!
Gloire à vous dans les cieux!

IV

Là-haut, doucement balancée,
Plus rapide que les éclairs,
Plus rapide que la pensée,
Elle fend l'espace des airs.

Le vent s'apaise en sa présence;
Les noirs nuages dans leurs flancs
Retiennent captifs, en silence,
Les foudres et les ouragans.

Pour Elle, illuminant la route,
Connus, inconnus à nos yeux,
Les astres de l'immense voûte
Brillent cent fois plus radieux.

Une étoile mystérieuse
Guide de ses feux de rubis
L'aérienne voyageuse
Parmi ces mondes infinis,

Cette même étoile peut-être
Qui guida, de Jérusalem,
Vers le Sauveur venant de naître,
Les Mages jusqu'à Bethléem.

CHŒUR.

Jour de triomphe et de mystère!
Jour sacré! Jour victorieux!
O Vierge sainte! ô Sainte Mère!
Gloire à vous sur la terre!
Gloire à vous dans les cieux!

V

Puis vers la fin de la carrière
Vient un cortége sans pareil
Que noie un torrent de lumière
Dont l'éclat ternit le soleil.

Ce sont les célestes phalanges,
Les Trônes et les Chérubins,
Les Dominations, les Anges,
Les Archanges, les Séraphins.

Leurs fronts s'inclinent devant elle,
Leurs rangs s'ouvrent; un chant divin
Acclame la reine immortelle,
Et Dieu la reçoit dans son sein.

CHŒUR.

Jour de triomphe et de mystère!
Jour sacré! Jour victorieux!
O Vierge sainte! ô Sainte Mère!
Gloire à vous sur la terre!
Gloire à vous dans les cieux!

VI

Et nous, habitants de la terre,
Humbles mortels, soyons joyeux,
Et, sans fin, bénissons la mère
Qu'à jamais nous avons aux cieux.

CHŒUR.

Jour de triomphe et de mystère!
Jour sacré! Jour victorieux!
O Vierge sainte! ô Sainte Mère!
Gloire à vous sur la terre!
Gloire à vous dans les cieux!

Août 1861.

LE SOIR DU VENDREDI SAINT

A CHAUMONT

I

Comme cette rue est déserte !
Il n'y passe personne ; on n'entend point de bruit ;
Aucune porte n'est ouverte ;
On se croirait déjà dans la profonde nuit.

Le soir pourtant commence à peine ;
Voici seulement l'heure où l'honnête ouvrier,
Libre de travail, se promène
Avant de regagner son modeste foyer.

Mais le boulingrin et la gare,
Même la grande rue, au gaz resplendissant,
Surpris d'un abandon si rare,
Attendent, sans le voir, le promeneur absent.

Pourquoi donc cette solitude ?
Pourquoi ce grand silence, ici comme en tout lieu ?
Où se cache la multitude ?
La multitude prie en la maison de Dieu.

Au soir de ces jours de mystère
Que notre Eglise, en deuil, consacre au repentir,
Prise d'un effroi salutaire,
La foule, dans Saint-Jean, aime à se réunir.

Par elle adopté, populaire,
Un digne, un humble fils de l'humble saint François,
Y retient, du haut de la chaire,
Les auditeurs pressés, attentifs à sa voix.

Et quand, de la semaine sainte,
Les grands jours solennels reviennent en leur temps,
De la vieille église l'enceinte
A peine à contenir tous ses pieux enfants.

C'est pourquoi la rue est déserte,
Sans aucun mouvement comme sans aucun bruit,
Et nulle porte n'est ouverte,
Comme si l'on était dans la profonde nuit.

II

Mais l'église est silencieuse :
Du bon religieux la voix ne parle pas;
Du sein de la nef spacieuse
Ne s'élève l'écho ni des chants, ni des pas.

Au beffroi, muet dans sa loge,
L'airain est immobile et semble être endormi.
Seul le vieux timbre de l'horloge
Parfois pour frapper l'heure a lentement gémi.

Pourtant une lumière vive
Se répand au dehors, à travers les vitraux,
Dessinant, en traits noirs, l'ogive
De la haute fenêtre et les frêles meneaux.

Entre toutes l'une scintille
D'un éclat à la fois doux et mystérieux :
Son vitrail colorié distille
Les nuances du prisme en reflets radieux.

Là, c'est la crypte sépulcrale,
La gloire de Saint-Jean et de Chaumont l'orgueil,
Œuvre que nulle autre n'égale,
Chapelle réservée à la prière en deuil.

Là, du Christ, dans sa sépulture,
L'œil reste fasciné par le sublime aspect :
Et, comme devant la nature,
Le cœur s'y sent glacé de crainte et de respect.

La porte en reste condamnée
Comme le seuil d'airain qui scelle un vrai tombeau ;
Une seule fois, dans l'année,
Elle permet l'entrée au vénéré caveau.

Dès l'aube du jour de la Cène,
Jusqu'au Vendredi Saint, à l'office du soir,
Y brille de la foi chrétienne
Le symbole sacré, sur son beau reposoir.

Et, sans fin, la foule pieuse
A genoux, sur le seuil, prie en un saint transport,
Immobile, silencieuse,
Dans cette grande image adorant le Dieu mort.

C'est pourquoi la cloche endormie
Se tait : pourquoi le Frère aussi ne parle pas ;
Pourquoi de la nef si remplie
Ne s'élève l'écho ni des chants ni des pas.

————————

III

Mais moi, promeneur solitaire,
Que fais-je dans la rue, et pourquoi suis-je ici ?
Auprès du divin sanctuaire
Pourquoi ne vais-je pas me prosterner aussi ?

Quand, dans notre église commune
Ce soir sont réunis les enfants de Chaumont,
Une idée amère, importune,
Agite mon esprit, vient assombrir mon front.

Comme eux tous, enfant de la ville,
Vivant, devant mourir, comme eux tous, en ces lieux,
Pourquoi cette sainte vigile
Me voit-elle étranger à leurs élans pieux?

Étranger! oh non! non sans doute!
Ce qui leur cœur émeut, dans mon cœur je le sens.
Si je m'égarai dans la route,
De ces frères le but est le but où je tends.

Je voudrais retrouver la trace
Des chemins où j'allais, comme eux, en sûreté,
Chemins que, dans ma folle audace,
J'ai quittés pour marcher seul dans ma liberté.

O jours de ma vie innocente,
Jours heureux, jours bénis, si vite disparus!
Combien de fois d'une âme ardente,
Je vous ai regrettés, jours à jamais perdus!

Par ses leçons, par son exemple,
Une mère chrétienne en ces temps me guidait;
Ma prière, du fond du temple,
Par la sienne escortée, aux pieds de Dieu montait.

Aux jours des fêtes solennelles,
D'une sainte ferveur mon cœur se remplissait,
Et mon âme éployant ses ailes
S'élançait vers le ciel et Dieu la bénissait!

Depuis, il m'a maudit, peut-être !
Maudit dans mon orgueil et mon impiété !
Mais un espoir vient m'apparaître,
Sa clémence est égale à sa sévérité.

Peut-être voyant ma misère,
Me rendra-t-il ces jours d'innocence et de foi,
Et d'une nouvelle lumière
M'éclairant, dira-t-il : Lazare, lève-toi !

Le trouble qui, ce soir, m'agite,
L'instinct qui vers ces lieux guide mes pas errants,
Serait-ce un appel qui m'invite,
Une muette voix qui me dit : Je t'attends ?

Promeneur sombre et solitaire
Que le hasard ou non m'ait conduit jusqu'ici,
Auprès du divin sanctuaire
Pourquoi n'irais-je pas me prosterner aussi ?

L'ANGELUS

L'Ange envoyé de Dieu vient porter sur la terre
Son message à Marie, et Marie en son sein,
Marie immaculée aussitôt, ô mystère!
    A conçu de l'Esprit-Saint.

    Je vous salue, ô Marie!
    De grâce toute remplie :
    Avec vous est le Seigneur;
    Entre les femmes choisie,
    Vierge, vous êtes bénie
    Et béni notre Sauveur
    Jésus, le divin Messie
    Qui reçut l'humaine vie
    Dans votre flanc protecteur.

Sainte Marie, ô de Dieu mère,
Pour nous, pauvres pécheurs sur terre
Daignez le prier. Près de lui
Soyez notre indulgent appui.

Priez pour nous en ce jour même
Et quand viendra l'heure suprême,
L'heure suprême de la mort,
Priez pour nous, Marie encor !

Voici du Seigneur Dieu, voici l'humble servante ;
Ange, que ses desseins s'accomplissent sur moi :
Qu'il me soit fait selon ton dire : obéissante
  Marie en ton dire a foi.

  Je vous salue, ô Marie !
  De grâce toute remplie :
  Avec vous est le Seigneur :
  Entre les femmes choisie,
  Vierge, vous êtes bénie
  Et béni notre Sauveur
  Jésus, le divin Messie
  Qui reçut l'humaine vie
  Dans votre flanc protecteur.

Et l'Ange messager, sa mission remplie,
Reprit son vol là-haut vers la céleste cour :
Et le verbe fut fait chair et durant sa vie
  Parmi nous eut son séjour.

  Je vous salue, ô Marie !
  De grâce toute remplie :
  Avec vous est le Seigneur :
  Entre les femmes choisie,
  Vierge vous êtes bénie
  Et béni notre Sauveur
  Jésus, le divin Messie
  Qui reçut l'humaine vie
  Dans votre flanc protecteur.

Mars 1862.

CANTIQUE

POUR LA FÊTE DE LA TRANSLATION DES RELIQUES

De l'Église St-Jean-Baptiste de Chaumont

(Musique du R. P. LAMBILLOT. — Cantique à Sainte Cécile.)

CHOEUR.

Restes des vieux chrétiens, vous qu'entouraient nos pères
D'un culte si pieux,
O reliques des saints! à nous vous êtes chères
Ainsi qu'à nos aïeux.

I

Sortez de l'ombre et du mystère
Qui vous cachaient à notre amour,
Reliques que Chaumont révère !
Renaissez enfin au grand jour.
L'église avec impatience,
Depuis longtemps vous réclamait,
Et de votre trop longue absence
L'âme fidèle s'alarmait.

CHŒUR.

Restes des vieux chrétiens, vous qu'entouraient nos pères
        D'un culte si pieux,
O reliques des Saints! à nous vous êtes chères
        Ainsi qu'à nos aïeux.

II

Gloire aux saints! Eternelle gloire
A ces élus du roi des cieux!
L'église exalte leur mémoire;
Leurs restes lui sont précieux:
Abritant chacun de ses temples
Sous les noms de ces grands chrétiens,
Elle nous offre leurs exemples
Et nous montre, en eux, des soutiens.

CHŒUR.

Restes des vieux chrétiens, vous qu'entouraient nos pères
        D'un culte si pieux,
O reliques des saints! à nous vous êtes chères
        Ainsi qu'à nos aïeux.

III

Ainsi dans cette grande fête,
L'église, à de sacrés débris
Qu'avait dispersés la tempête,

Va rendre de dignes abris.

Pour eux scintillent tous ces cierges,
L'orgue enfle ses mâles accents
Et les doux cantiques des vierges
Montent au ciel avec l'encens.

CHŒUR.

Restes des vieux chrétiens ! vous qu'entouraient nos pères
      D'un culte si pieux,
O reliques des saints ! à nous vous êtes chères
      Ainsi qu'à nos aïeux.

IV

Allez, reliques honorées,
Ornez encor les saints autels,
Et là, dans vos châsses dorées
Inspirez nos chants solennels !
Et vous, dans vos gloires célestes,
Dans vos triomphes éternels,
Saints dont nous bénissons les restes,
Priez pour nous, pécheurs mortels !

CHŒUR.

Restes des vieux chrétiens ! vous qu'entouraient nos pères
      D'un culte si pieux,
O reliques des saints ! à nous vous êtes chères
      Ainsi qu'à nos aïeux.

18-19 Octobre 1862.

LE PÉCHEUR REPENTANT

Cantique à la Sainte Vierge

COMPOSÉ SUR LA DEMANDE DE M. L'ABBÉ G...

CHŒUR.

Daignez écouter, ô Marie !
La plainte du pauvre pécheur,
Dont l'humble voix vers vous s'écrie :
Sauvez-moi, mère du Sauveur.

I

Aux pieds de vos autels, ô Vierge, Vierge sainte !
Je viens me prosterner avec humilité :
Le remords me poursuit et je tremble de crainte,
Songeant à mon indignité.

II

Du pécheur éperdu vous êtes le refuge ;
Vous êtes mon unique espoir : dans mon effroi,
J'implore votre grâce : ô mère de mon juge,
Priez-le, priez-le pour moi !

III

J'ai tant offensé Dieu, si grande est mon offense,
Que jamais sa bonté ne pourra l'oublier,
Et je sens, tôt ou tard, qu'une juste vengeance
    Devra me la faire expier.

IV

Hélas! je me repens; une angoisse suprême
Envahit tout mon être avec le souvenir :
Mais cela suffit-il, quand la justice même
    Du doigt me montre l'avenir ?

V

Qui le détournera de ma tête coupable
Du Seigneur outragé, l'infaillible courroux ?
Seule, vous le pouvez, vous, Vierge secourable !
    Dieu n'a pas de refus pour vous.

VI

Ah! priez-le pour moi! Qu'à votre voix bénie
D'un arrêt mérité s'apaise la rigueur !
O mère de bonté, de douceur infinie,
    Priez pour le pauvre pécheur !

VII

Voyez mon repentir égal à mes alarmes ;
Voyez mon cœur contrit, mon front humilié
Et le trouble où je suis et mes yeux pleins de larmes.
O sainte Vierge ! ayez pitié !

CHŒUR.

Daignez écouter, ô Marie !
La plainte du pauvre pécheur,
Dont l'humble voix vers vous s'écrie :
Sauvez-moi, Mère du Sauveur.

Juillet 1863.

CANTIQUE CHAUMONTAIS

CHŒUR.

De votre trône de lumière,
Du haut du ciel profond,
Seigneur, entendez la prière
Des enfants de Chaumont.

I

Frères, sous les arceaux antiques
De notre église de Saint-Jean,
Prions, et que nos saints cantiques,
Traversant les voûtes gothiques.
Dans les cieux prennent leur élan.

CHŒUR.

De votre trône de lumière,
Du haut du ciel profond,
Seigneur, entendez la prière
Des enfants de Chaumont.

3

II

De la piété de nos pères,
Monument digne et glorieux,
Dans ce temple, où priaient nos mères,
Nous, leurs enfants, prions, mes frères,
Comme faisaient nos bons aïeux.

CHŒUR.

De votre trône de lumière,
Du haut du ciel profond,
Seigneur, entendez la prière
Des enfants de Chaumont.

III

Honorant la mémoire chère
De ces ancêtres chaumontais.
Prions pour eux, pour que la terre,
A Clamart, sur eux soit légère,
Et pour que Dieu leur fasse paix !

CHŒUR.

De votre trône de lumière,
Du haut du ciel profond,
Seigneur, entendez la prière
Des enfants de Chaumont.

IV

Prions pour notre bonne ville,
Qu'exempte de tous les fléaux,
Des vertus elle soit l'asile,
Que la vie y coule tranquille,
Que Dieu bénisse nos travaux.

CHŒUR.

De votre trône de lumière,
Du haut du ciel profond,
Seigneur, entendez la prière
Des enfants de Chaumont.

V

Prions pour nous et pour les nôtres,
Pour nos absents, pour nos amis,
Et, nous aimant les uns les autres,
Comme Dieu l'a dit aux Apôtres,
Pour ceux qui sont nos ennemis.

CHŒUR.

De votre trône de lumière,
Du haut du ciel profond,
Seigneur, entendez la prière
Des enfants de Chaumont.

VI

Prions, pour que Dieu nous pardonne,
Toutes nos fautes, nos erreurs,
Que sa grâce nous environne
Et qu'aux derniers instants il donne
La force et l'espoir à nos cœurs.

CHŒUR.

De votre trône de lumière,
Du haut du ciel profond,
Seigneur, entendez la prière
Des enfants de Chaumont.

Mars 1864.

CONSÉCRATION

DE L'ÉGLISE DES CONDES

Domine, dilexi decorum domus tuæ,
Et locum habitationis gloriæ tuæ.

De votre demeure divine,
Seigneur, notre village a chéri la splendeur.
Pris d'un zèle pieux, sur l'agreste colline
Dont l'aride sommet vers l'Orient s'incline,
Nous venons d'ériger un temple en votre honneur.

Autrefois, presque sans verdure,
Par des coteaux pierreux si tristement enceint,
Ce fortuné vallon, d'une riche nature,
A conquis les trésors, et sa noble parure
Se complète aujourd'hui par ce monument saint.

En place de l'humble chapelle,
Dont le rustique toit abritait nos aïeux,
Et que le temps allait abattre de son aile,
Voici qu'une autre église et plus digne et plus belle
Elève vers le ciel ses arceaux gracieux.

A la fois massive et légère,
D'une mer de feuillage, on voit de son clocher

Surgir et s'élancer la flèche avec mystère,
Comme pour entraîner les cœurs à la prière,
En nous montrant, là-haut, le port qu'il faut chercher.

Pensée attendrie et pieuse !
Les patrons d'êtres chers auront ici leur part,
Aux vitraux coloriés, brillante et radieuse,
Leur image, à nos yeux, resplendit glorieuse,
Témoignage d'amour et chef-d'œuvre de l'art.

Ce bouquet d'arbres séculaires
Prêtait à la chapelle un ombrage si beau !
Antiques marronniers qu'avaient plantés nos pères,
Arbres sacrés pour nous, vos rameaux tutélaires
Vont protéger encore l'édifice nouveau.

De ces rameaux l'épais feuillage,
Dans l'ardeur des étés, ainsi qu'aux jours passés,
Aimera, comme alors, à jeter quelque ombrage
Sur l'enceinte bénie, où, du petit village,
Dorment, auprès de nous, tous ces chers trépassés.

Seigneur, acceptez cette église,
Que vient de consacrer notre éminent Pasteur !
Bénissez jusqu'au bout notre sainte entreprise !
Qu'aux pieds de votre autel, raffermie et soumise,
S'épure notre foi ! Bénissez-nous, Seigneur !

Septembre 1865.

LE JOUR DES MORTS

Réponds à ma voix maternelle,
Mon fils ; depuis longtemps tu dors.
L'Eglise en son sein nous appelle ;
C'est aujourd'hui le jour des morts.
A travers le brouillard d'automne
Des glas par le vent sont chassés.
Ecoute, enfant, la cloche sonne,
Prions Dieu pour les trépassés.

Au fond de leur froide demeure,
Loin des vivants répudiés,
Hélas! depuis leur dernière heure,
Combien d'entre eux sont oubliés !
Une larme que le cœur donne
Réchaufferait leurs os glacés...
Écoute, enfant, la cloche sonne,
Prions Dieu pour les trépassés.

Leur mémoire, un temps fut chérie
Leur nom redit avec amour,
Et d'une couronne fleurie
Leur tombe s'ornait chaque jour.
Puis on vit sécher la couronne,
Les regrets se sont effacés...

Écoute, enfant, la cloche sonne,
Prions Dieu pour les trépassés.

De dangers la vie est semée ;
Pour les écarter loin de toi,
Ton père et ta mère alarmés
Veillent sans cesse avec effroi.
Mais la mort en hâte moissonne ;
Par sa faux tous sont menacés...
Écoute, enfant, la cloche sonne,
Prions Dieu pour les trépassés.

Comme toi, j'avais un bon père,
Dont je fus la joie et l'orgueil.
Il est mort! et ma pauvre mère
L'a suivi bientôt au cercueil.
Aux pleurs encore je m'abandonne
Quand bien des ans se sont passés !
Écoute, enfant, la cloche sonne,
Prions Dieu pour les trépassés.

Un jour aussi, bientôt peut-être,
Endormis dans notre linceul,
Il nous faudra, cher petit être,
Sur la terre te laisser seul !...
Mais Dieu ne délaisse personne,
Nous serons par lui remplacés.
Écoute, enfant, la cloche sonne,
Prions Dieu pour les trépassés.

MON ANNIVERSAIRE

Perfide et néfaste journée,
Qui viens encore, sans pitié,
Charger d'une pesante année
Mon front par l'âge injurié !
N'attends pas que je te célèbre
Comme autrefois en joyeux chants :
Non : tu n'es plus qu'un jour funèbre ...
Hélas ! j'ai quarante-trois ans !

Jeune, j'embrassais l'existence
Avec plaisir, avec bonheur :
Et le courage et l'espérance
De force remplissaient mon cœur.
Il me reste encore le courage,
Il en faut avoir, je le sens ;
Mais l'espoir est pour le jeune âge...
Hélas ! j'ai quarante-trois ans !

J'ai traversé bien des orages
Cherchant en vain la liberté :
La liberté sur d'autres plages
Cherchait un sol moins tourmenté.

Un jour, on la verra peut-être
Venir habiter chez les Francs :
Les enfants pourront la connaître...
Hélas, j'ai quarante-trois ans !

Aux belles, dévouant ma vie,
Accueilli, trompé tour à tour,
Aujourd'hui, voyez la folie,
Mon cœur connaît encore l'amour.
Aimer, c'est moitié de l'affaire,
On aime même en cheveux blancs ;
Mais le difficile est de plaire...
Hélas ! j'ai quarante-trois ans !

Du moins, à l'amour qui s'envole,
Succède la douce amitié :
Son bras soutient, sa voix console...
Le regret même est oublié.
Mais pourtant, avant que j'implore
Son secours, ses soins bienfaisants,
Ne puis-je donc séduire encore ?...
Hélas ! j'ai quarante-trois ans !

Quand décline ainsi la carrière,
Heureux qui sut, en son chemin,
Trouver, pour la saison dernière,
Une compagne à son destin.
Au départ, une main amie
Aura fermé ses yeux mourants :

Mais, moi, seul encor dans la vie...
Hélas ! j'ai quarante-trois ans !

Bannissons l'image importune
Des jours que m'apprête le sort ;
Je brave l'adverse fortune
Et plus qu'elle je serai fort.
Bacchus ! dans ces jours de tristesse
Viens m'aider... Il est bientôt temps.
Tu soutiens, dit-on, la vieillesse...
Hélas ! j'ai quarante-trois ans !

12 Février 1835.

NAPOLEONIS MATER

Regardez, la voilà, la Niobé moderne :
Ses enfants étaient tous Princes, Rois, Empereurs !
Le deuil charge son front, et son œil fixe et terne
Semble dans le passé poursuivre un long malheur.

Il est sans pleurs, cet œil ; cette bouche, sans plainte :
Eh ! pourquoi donc des pleurs ? Des plaintes, à quoi bon ?
Non, non, il n'a fléchi, son cœur, sous nulle atteinte,
      Ce cœur qui fit Napoléon.

Qu'elle est triste pourtant, l'Impératrice mère !
Triste sans plus de fin, triste jusqu'au trépas !
De ce sein tout brisé quel est donc le mystère ?
Faut-il le demander ? Ne le savez-vous pas ?

Elle ne pleure point la puissance ravie,
Ni l'exil, ni la mort moissonnant sa maison,
Mais elle a vu trahi par l'ingrate patrie
      Le grand cœur de Napoléon !

Simple aux glorieux temps, son âme surhumaine,
Tint ferme en des revers aux mortels inconnus,
Et se mit à régner par sa vertu romaine,
Lorsque son noble sang... hélas ! ne régnait plus.

Alors le sort, lassé d'être vaincu par elle,
S'en prit au faible corps qu'elle avait pour prison...
Ne la demandez plus qu'à sa tombe immortelle,
   La mère de Napoléon.

Cette âme, libre enfin du périssable voile,
Sur ses ailes d'azur prit son vol radieux ;
Et du soir de ce jour, une nouvelle étoile,
Près l'étoile du fils scintille dans les cieux.

Rome a sa cendre. Un jour, ah ! cet espoir console !
Lui, reviendra dormir sous notre pavillon.
Pour sépulcre à la mère, il faut le Capitole,
   La colonne à Napoléon.

20-21 Mars 1836.

IMITATION DE SANTEUIL

Celui qui de la mort pense à l'heure future
Voit ce monde passer comme une ombre à ses yeux :
Tout ici-bas, pour lui, n'est qu'erreur, imposture,
Et son cœur épuré s'élance vers les cieux.

Il évoque, sans peur, le jour des funérailles ;
Il sourit, plein d'espoir, à l'horreur du tombeau ;
Il pense, avec dédain, que son cœur, ses entrailles
Serviront de pâture au plus vil vermisseau.

Il ne recherche point les grandeurs, l'opulence
Qu'en un clin d'œil la mort ravit à tout jamais :
Sa demeure est modeste et d'une humble apparence ;
Pour qui marche au sépulcre à quoi bon des palais ?

Il songe en pâlissant au compte qu'il faut rendre
Aux pieds du tribunal du juge souverain :
Coupable, il sent que là rien ne peut le défendre
Ni détourner de Dieu la sentence et la main.

Il songe à ce qu'il est, puis à ce qu'il doit être,
Au mal qu'il a commis et qu'il faut expier,
Et de l'heure qui fuit, quand il est encore maître,
Il en profite au moins pour gémir et prier.

Mai 1838.

LES BUIS BÉNIS

PENSÉES DU VENDREDI SAINT

Des cœurs brisés et solitaires,
Unique soutien ! seul espoir !
Saintes croyances de mes pères,
De ma vie abritez le soir !
Guidez-moi vers ce champ tranquille
Où nos anciens sont endormis,
Où les fidèles de la ville
Vont portant des rameaux bénis.

Enfant, on joue au cimetière,
Jeune, on n'y voit que le néant ;
Mais au déclin de la carrière
L'homme y médite tristement.
Heureux qui, dans un autre monde,
Croit revoir les êtres chéris
Qu'il pleure et qu'en sa foi profonde
Il couvre de rameaux bénis.

Pour lui la vie est un passage,
Et la mort n'est plus qu'un repos ;
Ainsi s'élève et s'encourage
Son âme au culte des tombeaux.
Avec amour il les décore ;
Sa tendresse les a fleuris ;

Sa piété, plus sainte encore,
Les pare de rameaux bénis.

Moi, de qui la vie est sans joie,
Et qui des jours, de ces longs jours
Qu'en sa colère Dieu m'envoie
Par des peines compte le cours,
Sous le poids, avant que je tombe
A ce meilleur monde promis,
Je vais songer sur une tombe
Au milieu des rameaux bénis.

Tiens, pauvre vieille, humble et discrète,
Tu sais respecter la douleur;
Mais plus ta douleur est muette,
Mieux elle vient parler au cœur.
A chacun sa part de misère!
L'infortune nous fait amis;
Pour cette aumône, bonne mère,
Donne-moi des rameaux bénis.

De cette offrande simple et pure,
Humide de mes pleurs amers,
Je veux orner la sépulture
Où gisent des restes si chers.
Là-haut, peut-être, ombre céleste
Tu me regardes, tu souris.....
Vois! je viens à ta croix modeste
Apporter des rameaux bénis.

Sous les tilleuls au vieux ombrage,
J'ai parfois, le front incliné,
Rêvé les chants d'un triste hommage,
Hymne à cette croix destiné.
La voix secrète qui m'invite
Veut que d'un cœur simple et soumis,
La prière aujourd'hui s'abrite
Sous ces humbles rameaux bénis.

A mon tour, là, sous cette pierre,
Trouvant le repos dans la mort,
Je dormirai près de mon père
Ainsi qu'auprès du sien il dort.
Mais l'oubli couvrira ma cendre,
Et, sur ces ossements jaunis,
Personne ne viendra répandre
Ni larmes ni rameaux bénis.

Soit, peu m'importe qu'on délaisse
Ma froide dépouille en ce lieu,
Si je dois au réveil, sans cesse,
Près des miens vivre au sein de Dieu.
A ceux qui s'aimaient sur la terre
Et que le ciel a réunis,
Que fait donc leur vaine poussière
Veuve ou non de rameaux bénis !

Mars 1842.

NÉVRALGIE

Cantabo et psalmum dicam Domino. (*Ps. 26.*)

I

J'avais d'un mal cruel subi la dure atteinte ;
Ce mal me tourmentait dans les nerfs, dans les os :
Je luttais, mais en vain, sous sa rigide étreinte ;
Il s'acharnait sur moi sans trêve ni repos.

Il dardait à ma tête ; il mordait à ma face ;
Il comprimait mon front comme dans un étau :
Rien que, du bout de l'aile, effleurant sa surface,
Une mouche, en volant, eût fait crier ma peau.

Comme l'ours emportant le plomb dans sa blessure,
Moi, j'entraînais mon mal qui suivait tous mes pas ;
De place je changeais, je changeais de posture ;
Dans sa rage obstiné le mal ne changeait pas.

Lorsque, par le sommeil, ma paupière alourdie
S'abaissait par moments, la douleur aussitôt,

Alerte à s'élancer sur ma tête engourdie,
Me faisait tressaillir sous un plus rude assaut.

Aux livres je disais : Venez donc me distraire !
Je disais à ma plume, au vol capricieux :
Fuyons, entraîne-moi ! Livres, plume légère,
Ils aggravaient mon mal en m'arrachant les yeux.

Je me réfugiais alors dans ma pensée,
Cherchant pour la fixer quelque attrayant objet.
Comme une dent aiguë, en ma tête enfoncée,
La pensée en mon crâne entrait et le rongeait.

Je succombais, vaincu par l'excès de souffrance !
Du jour m'importunait la divine splendeur,
Et de la douce nuit, le calme et le silence
Cessant de me charmer m'inspiraient la terreur.

II

Et j'étais seul ! tout seul ! Aucune main amie
Ne venait par pitié presser ma main en feu !
Aucun regard d'amour, de douce sympathie,
Ne venait me chercher, m'encourager un peu.

J'appelais tristement cette mère si tendre
Dont le cœur, ici-bas, était mon seul appui :
Mais son âme, là-haut, ne pouvait que m'entendre
Et que bénir son fils en priant Dieu pour lui.

III

Ni dormir! ni penser! ni lire! ni rien faire!
Que devenir, pourtant!... me disais-je éperdu.
Mais je pouvais prier, du fond de ma misère,
Je m'écriai vers Dieu..... Mon cri fut entendu.

Car le Seigneur a dit cette bonne parole :
O vous tous qui souffrez, vous tous venez à moi.
Je suis le Dieu qui souffre et l'ami qui console,
Allez, soyez guéri, puisque vous avez foi !

IV

L'horloge qui marchait subitement s'arrête :
L'ouragan qui grondait cesse et s'abat soudain ;
Le calme sur les flots succède à la tempête;
De même, tout à coup, mon supplice a pris fin.

Mes nerfs sont détendus : ma tête soulagée
Ne se sent plus brisée en un cercle d'airain :
Mon œil n'est plus troublé; facile et dégagée
Ma pensée est plus libre et plus calme mon sein.

V

Merci! merci, mon Dieu, de cette grâce insigne!
Merci de ce bienfait! Il est immérité,

Je le sais trop, Seigneur ! Mais plus j'en suis indigne,
Et plus je vous rends grâce avec humilité.

Soyez béni, Seigneur ! vous qui, comme un bon père,
Veillez du haut des cieux sur le moindre de nous,
Et dans l'espace immense, escortant ma prière,
Que mon humble cantique arrive jusqu'à vous !

Octobre 1858.

MONUMENTUM

A CONDES

Ce monument hier, vaine masse de pierres,
Éloignait les regards par son sinistre aspect.
Il appelle aujourd'hui des chrétiens les prières,
Les regrets des amis et de tous le respect.

D'hôtes chers, qui déjà dormaient au cimetière,
Dans leur sommeil troublés, il recueillit les os,
Promettant désormais à leur sainte poussière
Une paix assurée au fond de ses caveaux.

Un noble, un pieux cœur a su rendre à leur cendre
Un culte digne d'eux, en l'abritant ici.
D'autres qui les aimaient, qui s'aiment d'amour tendre,
En ce séjour de mort seront reçus aussi :

L'époux y rejoindra sa compagne si chère,
Les fils reposeront près des pères un jour;
La fille y dormira près de sa tendre mère,
Au rendez-vous sacré tous viendront tour à tour.

Arrivés, attendus, que Dieu tous les bénisse
Jusqu'à la fin des jours, en ce tranquille port;
Et qu'ensuite le ciel encor les réunisse,
Eux unis ici-bas, dans la vie et la mort.

Reposer près des siens et dans la même terre!
Douce pensée au cœur et consolant espoir!
Moins triste en est la vie et la mort moins amère,
Et même le sépulcre en semble être moins noir.

4 Décembre 1862.

SEUL !

Sicut passer solitarius in tecto. (*Ps.* 101.)

Voici le soir de ma triste vieillesse;
Bientôt, bientôt, ce sera fait de moi :
Je vois là-bas, à la grande vitesse,
Poindre la mort avec l'exprèss convoi.

Autour de moi s'est fait un vide immense;
Parents, amis, s'en allant tour à tour,
M'ont laissé seul à pleurer leur absence :
Quel autre amour me rendra leur amour ?

Heureux qui voit d'une épouse fidèle
Briller sur lui l'œil tendre et gracieux!
Et plus heureux encore, alentour d'elle,
S'il voit s'ébattre un bel enfant joyeux!

A son foyer, calme et digne est sa vie
Et, quand viendra le suprême moment,
Sa fin encore sera par Dieu bénie;
Entre leurs bras il mourra doucement.

Moi, je n'ai point d'épouse aimable et chère,
Et point non plus, point de joyeux enfant.
La vie est dure au foyer solitaire
Où nul ne vient porter un cœur aimant!

Ah! si j'avais, du moins, dans ma misère,
Pour nous aimer, si j'avais une sœur!
Tous deux enfants des mêmes père et mère,
Le même sang nous ferait même cœur.

Ah! si jadis de ta trop jeune vie
Dieu n'avait pas tranché les premiers jours,
Peut-être encore, ô notre Virginie!
Tu serais là pour me porter secours.

Tes tendres soins, me rappelant ma mère,
Sauraient charmer mes vieux jours ennuyés,
Et pour aller au bout de la carrière
Nous marcherions l'un sur l'autre appuyés.

Peut-être aussi, qu'à mon heure dernière,
(D'un cœur pieux acceptant ce destin),
Tu fermerais ma mourante paupière
Que doit fermer une étrangère main.

Oui, mais alors la vieillesse isolée,
O pauvre sœur! serait ton lot à toi,
Et l'abandon et la mort désolée.....
Mieux vaut cent fois qu'il soit le mien, à moi!

Marchons donc seul vers ce but redoutable,
Seul, sans soutien, me heurtant coup sur coup!
Mais que la marche ou non soit agréable,
Le terme atteint, que m'importe après tout?

Mai 1865.

SUR LA MORT DE MME E. O'C.

Richesse, esprit, rang, don de plaire,
Grâce, bonté, charme enchanteur,
Elle avait tout ce que, sur terre,
Les mortels appellent bonheur.

Illusions ! la mort avide
Arrive sans compter les ans,
Ainsi qu'on voit la faux rapide
Trancher les belles fleurs des champs.

Pauvre enfant que j'avais vu naître,
Dont j'applaudissais l'heureux sort,
Qui m'eût dit que je devais être
Le triste témoin de sa mort?

Je l'aimai dès sa tendre enfance
D'un presque paternel amour,
Et je devins avec constance
Son ami jusqu'au dernier jour.

Trop tôt séparée, en ce monde,
D'un époux qu'on la vit chérir
En ce jour la fosse profonde
A jamais va les réunir.

Repose en paix, ô femme aimable,
Loin de nous, loin de ton pays,
Ton image vivra durable
Et chère au cœur de tes amis.

PARAPHRASE

De l'émouvant Discours prononcé à Écot le 4 Mai 1877

Par M. B..., Mouleur à Manois

AU NOM DES OUVRIERS

Discours qui a inspiré les stances ci-après dédiées à l'orateur.

Elle n'est plus, la bonne demoiselle,
L'enfant aimé de tout notre canton !
Elle n'est plus ! Hier la mort cruelle
A moissonné cette fleur du vallon.

Ange céleste envoyé sur la terre
Pour soulager, consoler le malheur,
Elle s'était des pauvres fait la mère,
Les secourant et leur parlant au cœur.

Chez l'indigent, en proie à la souffrance,
Près du grabat elle venait s'asseoir,
Par de doux soins lui rendait l'espérance,
Il se croyait guéri rien qu'à la voir.

Tous bénissaient l'ange de la vallée,
Tous rendaient grâce à Dieu de tant d'appui.
Mais loin de nous elle s'est envolée,
Dieu l'a reprise, elle appartient à lui.

O jour fatal! jour maudit et funeste,
Où disparut cet ange de nos bois!
Malheur à nous, à qui plus il ne reste
Qu'un souvenir du bonheur d'autrefois!

O notre enfant! ô notre bienfaitrice!
Du haut du ciel, par vous non oubliés,
Restez encor la sainte protectrice
Des ouvriers qu'ici-bas vous aimiez!

Et vous, Seigneur, Dieu bon et tutélaire,
Pour adoucir notre immense douleur,
Du pauvre père et de la pauvre mère,
Gardez-nous bien les bontés et le cœur.

Car eux aussi sont une Providence
Pour l'ouvrier qui peut compter sur eux!
Leurs mains toujours s'ouvrent pour l'indigence
Et leur cœur bat pour tous les malheureux!

6-7 Mai 1877.

RIMAUCOURT

Aimez-vous les riants ombrages
Et les mystérieux bosquets?
Aimez-vous les roches sauvages,
Les sombres et vastes forêts?
Aimez-vous l'eau limpide et pure
Qui doucement s'échappe et court
Parmi les fleurs et la verdure?
Venez, venez à Rimaucourt.

Votre estomac philosophique
Jouit-il d'un bon appétit?
Préférez-vous au romantique
Les bonnes choses que Dieu fit?
Vous plaît-il d'une bonne table
Vous approcher deux fois le jour?
Aimez-vous un vin délectable?
Venez, venez à Rimaucourt.

Mais si de neiges et de glaces
Votre cœur ne fut pas pétri,
Si l'esprit, la beauté, les grâces
Peuvent l'enflammer à l'envi,
De peur d'un trop certain dommage,
(A moins que d'être aveugle et sourd)
Frère, soyez prudent et sage,
Ne venez pas à Rimaucourt.

1849.

LE PREMIER JANVIER 1824

Paix ! j'entends que l'heure sonne,
Il est minuit moins un quart ;
Je vous la souhaite bonne,
Pour ne pas être en retard.
Comme il est bon, près des femmes,
D'être en date le premier,
   Inscrivez-moi, Mesdames,
   Du premier de janvier.

L'aube va paraître à peine,
Que, précipitant nos pas,
Nous irons, à perdre haleine,
Voir des gens qui n'y sont pas.
Dans cette aimable tournée
Demain se passe en entier.
   Ah ! la belle journée
   Que le premier janvier !

Hâtez-vous, donneurs d'étrennes,
Oncles, tantes, grands parents,

Et vous, parrains et marraines,
De préparer vos présents.
Votre bonheur est extrême,
On ne peut trop l'envier.
   Voyez comme on vous aime..,
   Le premier de janvier.

L'époux galant à sa femme
Apporte mille cadeaux :
Par les plus doux soins Madame
Paie et robes et manteaux :
L'aspect de ce bon ménage
Est fait pour édifier,
   Vive le mariage...
   Le premier de janvier.

L'amant offre à sa maîtresse
Un gage de sentiment :
Il en reçoit la promesse
D'un amour toujours constant.
Heureux quand la demoiselle,
Prompte, hélas ! à l'oublier,
   Est encore fidèle
   Le quinze de janvier,

Grâce au plus doux privilége,
On embrasse la beauté ;
Moi qui ne suis pas de neige,
J'aime cette privauté ;

Et, sur ma foi, je désire,
Dans notre calendrier,
N'avoir jamais à lire
Que des premier janvier.

Ici, mainte femme aimable;
Là, délicieux repas :
Sentiment et bonne table,
C'est le bonheur d'ici-bas.
Pouvions-nous, dans cette chambre,
Mieux planter le crémailler ?
Mieux terminer décembre ?
Mieux commencer janvier ?

30 Décembre 1823.

A LA PETITE MARIE D'A...

Aimable enfant, je viens te dire
Que je suis ton fidèle ami.
C'est très-bien à toi de t'instruire,
Mais il faut être sage aussi.
Ta maman doit être obéie ;
Sois aimable comme ta sœur,
Et vraiment, petite Marie,
On t'aimera de tout son cœur.

Et puis viendra le temps, ma chère,
Où, grands et petits, tu verras
Chacun s'efforcer de te plaire ;
Car ainsi qu'elle tu plairas.
Esprit, talents, bonne, jolie,
Combien tu feras de jaloux !
Hâte-toi, petite Marie,
De grandir pour nous charmer tous.

Que dis-je nous! hélas! j'oublie
Que j'ai de moins dents et cheveux ;
Si l'on me voit encore en vie,
Alors, je serai vieux, bien vieux !
Mais ton bon cœur, je le parie,
Se souviendra du vieux garçon
Qui, pour la petite Marie,
Fit cette petite chanson.

7 Novembre 1828.

A MADEMOISELLE MARS

Quoi ! déjà nous quitter, aimable enchanteresse ?
Ah ! c'est traiter bien mal les pauvres Chaumontais
Que leur faire payer, d'un siècle de regrets,
Quelques instants si courts d'une si douce ivresse.
Du moins souvenez-vous, Mars, de notre pays,
Et soyez-nous témoin qu'à Chaumont, en Champagne,
Nous savons admirer, aussi bien qu'à Paris,
Le talent et l'esprit que la grâce accompagne.

29 Septembre 1833

A M. EUGÈNE DE PRADEL

Qui donc es-tu, gentil Orphée,
Qui vas chantant sur tous les tons?
Quelle est la bienfaisante fée
Qui t'a comblé de tous ses dons?
S'il est vrai qu'un démon inspire
Aux bardes leurs brillants accords,
Pour manier si bien ta lyre,
Tu dois avoir le diable au corps.

Vif et gourmand comme l'abeille,
D'un à l'autre genre tu cours:
Es-tu Racine? Es-tu Corneille?
Es-tu Béranger, nos amours?
Sur ton trépied, la poésie
T'ouvre à la fois tous ses trésors;
Tu commande en maître au génie,
Tu dois avoir le diable au corps.

Ton vers s'échappe plus fluide
Que l'onde du ruisseau qui fuit:
L'étoile fuit moins rapide,
Et moins éclatant l'éclair luit.
Encor, toujours, drus comme grêle,
Vers sur vers tombent sans efforts;
Si Dieu lui-même ne s'en mêle,
Tu dois avoir le diable au corps.

Alexandre sur Bucéphale
Est dépeint comme un beau guerrier :
Mais quelle piteuse cavale
Auprès de ton ailé coursier !
Sur ce Pégase volontaire,
A qui seul, tu sais mettre un mors,
Pour aller ainsi ventre à terre,
Tu dois avoir le diable au corps.

Au galop poursuivant la gloire,
Au galop le plaisir aussi,
Rimer, chanter, rire, aimer, boire,
On dit que c'est ton seul souci.
Saint Epicure te convie
Chaque jour aux plus doux transports ;
Pour mener si grand train la vie,
Tu dois avoir le diable au corps.

A grande peine, en ma chambrette,
Sous le charme encor de tes chants,
Moi, Champenois et non poëte,
J'ai martelé ces vers méchants ;
Mais mon nom, pour que je le dise,
A toi, gaillard aussi retors,
De l'orgueil et de la sottise
J'aurais, pardieu ! le diable au corps.

15 Mars 1838.

MONTREZ-LA MOI, JE L'AIMERAI

J'en conviens, il est ridicule
D'aimer toujours le même objet,
Et, rougissant d'un vain scrupule,
A changer me voilà tout prêt.
Oui, je brûle d'oublier celle
Que jusqu'à présent j'adorai,
Et s'il en est une plus belle,
Montrez-la-moi, je l'aimerai.

Beauté ne suffit pas encore,
Elle ne retient pas longtemps,
Et celle que mon cœur adore
Y joint l'esprit et les talents.
Il faudra donc que l'autre belle,
Près de qui je me fixerai,
Soit aussi plus aimable qu'elle....
Montrez-la-moi, je l'aimerai.

Plus encore que tout le reste,
Bonté charme et séduit mon cœur,
Et celle que j'aime est modeste,
Son âme est pleine de candeur.
Aussi, bergère ou demoiselle.
Celle-là près de qui j'irai.
Doit être encor meilleure qu'elle...
Montrez-la-moi, je l'aimerai.

THÉMIRE

Le printemps vient ranimer la nature;
Flore, déjà, se couronne de fleurs,
Et du Zéphyr l'haleine douce et pure,
D'un feu secret agite tous les cœurs.
Cédez, amants, au charme qu'il inspire,
Moments d'amour pour vous sont revenus :
Chantez, chantez votre tendre délire...
Moi je suis seul et je ne chante plus!

Ah! comme vous j'ai connu cette ivresse,
J'ai de l'amour épuisé tous les feux;
Près de Thémire, aimable enchanteresse,
Naguère encor, combien j'étais heureux!
Elle m'aimait! moi j'adorais Thémire;
Plaisirs d'amour si vite disparus,
Nous vous chantions ensemble sur la lyre...
Mais je suis seul et je ne chante plus!

Je lui jurais d'aimer toute ma vie,
Mille serments m'assuraient de sa foi :
Serments trompeurs! hélas! elle m'oublie,
Et la perfide aime un autre que moi.
Mon cœur pourtant n'a pas changé comme elle;
Serments d'amour, je vous ai tous tenus!
Je l'aime encor; toujours je suis fidèle...
Mais je suis seul et je ne chante plus!

MA PIPE

Viens, ma pipe, ô ma vieille amie,
Viens chasser encor mes ennuis;
Tu charmes de ma triste vie
Les sombres jours, les longues nuits.
Le sort qui sans fin me harcèle,
M'enleva tout, excepté toi;
Seule, tu me restes fidèle,
Seule encor tu brûles pour moi.

Longtemps ballotté par l'orage
J'errai, triste jouet du sort:
Enfin, je viens faire naufrage
Quand je devais toucher au port.
Rien ne peut plus, dans cette vie,
Charmer mon âme ou l'effrayer:
Du froid de la mort engourdie
Je la réchauffe à ton foyer.

Détrompé des chimères vaines
D'un monde pour moi sans attrait,
De ses plaisirs et de ses peines,
En toi je trouve le portrait.

Beauté, fortune, renommée,
Ainsi, me dis-je, tout s'enfuit :
Ainsi tout s'envole en fumée,
Amour, surtout, s'évanouit.

De cette éphémère existence,
Qu'importe donc le court destin ?
A peine, encore, elle commence,
Que la voilà près de sa fin.
La tombe s'ouvre, il faut descendre...
Passé, présent, tout s'y confond.
Que reste-t-il ? Un peu de cendre
Que les autans disperseront.

Par mille chagrins abrégée,
La mienne y tombe, je le sens :
Bientôt, mon âme dégagée
Va s'exhaler avant le temps,
Sans être toute consumée.
Ainsi tu meurs entre mes mains ;
Mais bientôt, je t'ai rallumée,
Et moi, pour toujours je m'éteins.

BERCEUSE

A la fin d'un jour d'été,
Après avoir bien chanté,
Cessant leur joli ramage,
Et cachés dans le feuillage,
Les petits oiseaux des bois
S'endorment à la fois.

Chers petits oiseaux, pourquoi
Dormez-vous, dites-le-moi?
Redites vos chants que j'aime.
— Non, Dieu nous a dit lui-même
De chanter quand le jour luit,
De dormir dès qu'il est nuit.

Quand le jour vient de finir,
Et que l'enfant, pour dormir,
Est balancé par sa mère,
Du haut du ciel, sur la terre,
Pour mieux voir dormir l'enfant,
Voici l'Ange qui descend.

Comme dans son nid l'oiseau,
L'enfant dort dans son berceau,

Et tout le temps qu'il sommeille,
Sa mère auprès de lui veille,
Et l'Ange qui l'aime bien
Est son fidèle gardien.

Quand l'enfant s'éveillera,
L'Ange au ciel s'envolera.
La mère prendra sa place,
Tout le jour sans être lasse;
Mais il reviendra le voir
S'endormir encor le soir.

Paix! L'enfant a ses yeux clos
Dans son innocent repos,
Doucement comme il respire,
Comme sa mère l'admire!
Et l'Ange à tous deux sourit,
Et tous trois Dieu les bénit.

10 Mars 1842.

ADIEU A LA VIE PUBLIQUE

A ton arrêt, peuple, l'on doit se rendre :
Frappé par lui, sans même être accusé,
Comme un haillon au clou je vais suspendre
L'honnête habit à ton service usé.
Il est bien vieux, mais il est sans souillure ;
Vieux comme lui, sans honte je le rends,
Et le front haut, le cœur net, la main pure,
Peuple, je rentre au milieu de tes rangs.

Pour te servir, j'en sortis jeune encore,
Pauvre surtout : à l'horizon lointain,
D'un ciel plus doux je croyais voir l'aurore
De mes vieux jours abritant le destin.
Tout disparaît, au but de la carrière
Quand j'arrivais à pas persévérants,
Et pauvre encor comme à l'heure première,
Peuple, je rentre au milieu de tes rangs.

Heureux celui qui, dans son industrie,
Dans le travail de ses robustes bras,
A su chercher, sans te vendre sa vie,
Un libre pain qui ne lui manque pas.

Des parias voués à ton service,
Quel est le sort aux petits comme aux grands?
Haine jalouse, esclavage, injustice...
Peuple, je rentre au milieu de tes rangs.

Ton cœur, pourtant, j'aime à le reconnaître,
Ton cœur est bon, nobles sont tes instincts ;
Mais trop souvent, d'un intrigant, d'un traître,
Sans t'en douter, tu servis les desseins.
Au sycophante étalant un faux zèle
Sont réservés tes vivats ignorants,
Et l'ostracisme est pour l'ami fidèle...
Peuple, je rentre au milieu de tes rangs.

Oui, pour toujours j'y rentre sans murmure.
J'y trouverai du moins la liberté :
Mais sur le seuil, si je laisse l'injure,
Du citoyen je reprends la fierté.
Vieux nautonier, sombrant dans chaque orage,
J'arrête ici mes destins trop errants,
Et sur ma planche échouant au rivage,
Peuple, je rentre au milieu de tes rangs.

1848.

POUR LA PORTE DU CIMETIÈRE, A BAINS

Lieu du dernier sommeil des enfants de la ville,
Ceux qui les ont aimés pleurent sur eux, ici :
Viens de même, étranger, prier dans cet asile
Pour les morts éloignés que tu pleures aussi.

10 Août 1853.

POUR LES EAUX DE BAINS

Source limpide et salutaire,
Du corps tu guéris la douleur;
Mais, hélas! tu ne peux rien faire
Contre les souffrances du cœur.

10 Août 1853.

A M. CLOVIS M...

APRÈS SA MISE A LA RETRAITE

Quel exemple, ô Clovis, viens-tu donc nous donner?
Toi qui fus de la loi le ministre fidèle,
  Peut-on te voir sans s'étonner
Devenir tout à coup à cette loi rebelle?
Quoi! quand elle te dit: « L'heure vient de sonner,
  « Donc rien n'est plus dans ta cervelle.
« Ferme au poste hier encore, il faut l'abandonner
« Aujourd'hui, mon bonhomme, et te mettre en tutelle »,
  Pour la faire déraisonner,
On voit, pure malice et ruse criminelle !
Ton esprit pétiller d'une verve éternelle
  Et de grâces se couronner !
C'est un scandale, ami, qu'on ne peut pardonner,
La loi n'a jamais tort, tant qu'une loi nouvelle
  Ne vient pas la désarçonner
Et chanter à son tour une autre Kyrielle,
Qu'avec elle aussitôt nous devons entonner,
  A l'autre alors cherchant querelle:
Reviens donc au devoir, Clovis, sans marronner,
Et rends un digne hommage à cette loi si belle,
  En te faisant bête comme elle.

Novembre 1858.

A M. D...

J'ai lu vos vers, ces vers pieux
Qu'une foi vive vous inspire :
J'aime les sons de votre lyre
Sur ce mode religieux.

Que des combats chante la gloire
Quelque Barde surexcité,
Sans voir ce qu'à l'humanité
Coûte de maux chaque victoire.

Qu'un autre, les amours joyeux
Et le bon vin de sa chopine !
Vaut-il le pieux Lamartine,
Béranger lui-même à vos yeux ?

Qu'un autre, la fraîche verdure
Des bois et des prés et des champs,
Sans rendre grâce dans ses chants,
Au créateur de la nature ?

Qu'un autre se mettant à plat,
Vende ses vers au despotisme,
Pour empocher avec cynisme
Les gages des muses d'État,

La vôtre à vous, libre et sévère
S'élève et plane en plus haut lieu ;
Que sont, pour elle, devant Dieu,
Tous les plus grands rois de la terre ?

Chantez, chantez, quand votre voix
Célèbre le chrétien mystère,
En vous j'honore le confrère,
Et le poëte de la croix.

Mars 1863.

LA BERCEUSE

IMITATION DE L'ITALIEN DE PARZANÈSE

D'après la traduction de la *Revue d'Économie chrétienne*

DÉDIÉ A MARIE JENNA

Dors, le jour est près de sa fin,
Dors, mon enfant, clos ta paupière
Aux douces chansons de ta mère,
Endors-toi, mon beau chérubin;
Pendant le temps que tu sommeilles,
Le bon Dieu à ton berceau veille;
Dors, mon enfant, auprès de moi;
Dieu lui-même veille sur toi.

O mon enfant! La pauvreté
Ici-bas est notre partage:
Mais ta mère reprend courage
En se mirant dans ta beauté.

Dors du doux sommeil de l'enfance !
Trop tôt te viendra la souffrance !
Dors, mon enfant, auprès de moi,
Dieu lui-même veille sur toi.

Cher enfant, ferme tes beaux yeux,
Tu vas les harpes d'or entendre,
Et bientôt tu verras descendre
Un chœur de beaux anges des cieux.
En voyant ton humble misère,
Tous ils t'appelleront leur frère.
Dors, mon enfant, auprès de moi ;
Dieu lui-même veille sur toi.

Quand tu reposes, innocent,
Dans cette paix que Dieu te donne,
D'épines voici la couronne
Qui déjà sur ton front descend.
Mais, croyant à la Providence,
Tu souris avec confiance...
Dors, mon enfant, auprès de moi ;
Dieu lui-même veille sur toi.

La douce lune, au front d'argent,
Enfant, du haut du ciel envoie
Un rayon d'amour et de joie
Baiser ton berceau d'indigent.
Le beau soleil, la blanche lune
Brillent aussi pour l'infortune,

Dors, mon enfant, auprès de moi ;
Dieu lui-même veille sur toi.

Bel enfant, ton lit n'est pas beau,
Et sa pénurie est extrême ;
Mais tu sais, l'enfant Jésus même
N'eut que la paille pour berceau.
Sur ta blonde tête enfantine
Qu'il étende sa main divine !
Dors, mon enfant, auprès de moi ;
Dieu lui-même veille sur toi.

26 Août 1863.

DÉDICACE A MARIE JENNA

Dans ce recueil où votre muse
Dépose ses vers si touchants,
Un sujet, si je ne m'abuse,
M'a paru digne de vos chants.

C'est d'un poëte populaire,
Inspiré par la charité,
L'œuvre pieuse, œuvre étrangère,
Sublime en son humilité.

Qui donc de ce noble poëte
Nous traduirait mieux les accents
Que la muse noble et discrète
A qui Jenna doit ses élans?

Imprudent, d'une voix débile,
J'ai voulu pourtant l'essayer,
Et l'essai d'un esprit sénile
De votre nom s'ose étayer.

Sous ce nom que notre patrie
Sera fière un jour de citer,
Permettez, aimable Marie,
Que je vienne ici m'abriter.

27 Août 1863.

MES ADIEUX A BAINS

Touchant au bout de sa carrière,
O Bains ! voici le pauvre vieux
Qui vient te faire ses adieux
Et te voir une fois dernière.

Adieu, joli pays de Bains :
Quand je te vis, la fois première,
D'un cœur tout rempli de misère
J'apportais ici les chagrins.

Errant ainsi qu'une âme en peine,
Seul, par tes agrestes sentiers,
Sur tes coteaux, dans tes halliers,
J'exhalais une plainte vaine.

Et pourtant, petit à petit,
Je sentais de la solitude
Le calme et la mansuétude
Rafraîchir un peu mon esprit.

Mais ce n'était pas tout ; par l'âge
Déjà j'étais injurié ;
Mon pauvre corps estropié
Avec l'esprit faisait naufrage.

Par ordre de la Faculté,
Du bain romain l'eau bienfaisante
A la ruine chancelante
Rendit quelque solidité.

Tu me fus donc deux fois propice,
Tranquille et modeste séjour,
Et je revins, un autre jour,
Par gratitude et par justice.

Puis, guidé par le souvenir,
Et cédant au charme indicible
De cette nature paisible,
On me vit encor revenir.

Ici, simple et douce est la vie,
Les habitants simples et bons.
On se croirait, dans ces vallons,
Au sein de quelqu'autre Arcadie.

Ici règne la liberté,
Liberté polie et décente,
De l'excès du sans-gêne exempte,
Et de l'excès de la fierté.

Ici, point de nobles lionnes,
— Nobles ou non — point de gandins ;
Ils riraient bien, les gens de Bains,
De ces précieuses personnes.

De bonnes gens, soir et matin,
Souffrant beaucoup, — ne souffrant guères,
Ensemble se baignent en frères,
Homme, femme, au même bassin.

Et honni soit qui mal y pense !
Si coquet est le sac de bain,
Que Satan perdrait son latin
A vouloir tenter l'innocence.

O Bains ! simple et naïf pays,
Ta mémoire me sera chère :
En te quittant, mon cœur se serre ;
En te quittant, je te bénis.

O Bains ! soigneusement conserve
Tes doux, tes rustiques attraits,
Et que des griffes du Progrès
Ta Notre-Dame (1) te préserve.

Juin 1865.

(1) Notre-Dame-de-la-Brosse.

POUR UN ALBUM

Belle dame, sans vous déplaire,
Osé-je, en ce petit cahier,
Ecrire mon nom, nom vulgaire,
Et l'écrire ici le premier ?

L'album était à son aurore
Le livre intime des amis ;
Il devrait être tel encore ;
A ce titre ici je m'inscris.

De ceux à qui vous êtes chère,
(C'est aisé de le pressentir),
Pour contenir sa liste entière,
Du double il devrait se grossir.

Sur cette liste si nombreuse,
Qu'on soit premier, qu'on soit dernier,
Qu'importe ! La place est heureuse,
Au dernier tout comme au premier.

Heureux dans le cœur d'une belle,
Qui peut s'inscrire le premier !
Dans un cœur à jamais fidèle
Heureux qui reste le dernier !

Ah ! dans le vôtre, aimable dame,
Que ne suis-je entré le premier ?
J'eusse au diable vendu mon âme
Pour m'y voir encor le dernier.

12 Mai 1866.

MARIE-ROSE

I

Qui donc es-tu? Dans ce clocher
Je ne t'avais pas encor vue.
— Je suis la nouvelle venue
Que l'on vient ici d'accrocher.

On m'a baptisée et bénie
L'autre jour et, jusqu'à ma fin,
Consacrée au culte divin
Je suis à cette église unie.

Au pays on en parlera,
De la fête de mon baptême :
Sans vanité, de longtemps même,
La pareille on n'y reverra.

De leurs paroisses à la ronde,
Les curés de nos alentours
Etaient accourus au secours
Du bon jeune pasteur de Condes.

Au premier rang, comme de droit,
Du château venait le beau monde
Ensuite, à la place seconde
Tous les notables de l'endroit,

Messieurs du Conseil de fabrique,
Et du Conseil municipal,
Puis la foule qui, bien ou mal,
Orne toute fête publique.

Le déjeuner (joli festin !
Et quel bon vin on y fit boire !)
Couronna, vous pouvez m'en croire,
Couronna dignement la fin.

Là, l'affaire changeant de face,
Le premier rang se fit petit,
Et le second, par l'appétit,
Y conquit la première place.

Pour ma marraine on a fait choix
D'une châtelaine avenante ;
Pour la trouver aussi charmante
On pouvait choisir entre trois.

J'eus pour parrain un bon apôtre
Que, si j'étais femme, ma foi !
Pour parrain ou tout autre emploi
J'aimerais bien autant qu'un autre.

Mes deux auteurs (car j'en ai deux)
Sont d'honnêtes gens, je m'en vante,
Et la langue la plus méchante
Ne pourrait rien dire contre eux.

L'un est un maire de village,
D'un petit village ; pourtant,
De l'avoir on serait content,
Dans plus d'une ville, je gage.

Ce brave maire est fait ainsi :
Quand la caisse municipale
Est vide, sa main libérale
Y pourvoit sans plus de souci.

Il plante, il aime la bâtisse !
La bâtisse, surtout, dit-on :
Pourquoi pas ? Le roi Salomon
S'illustra par un édifice.

L'autre, en artiste intelligent,
Parcourt notre belle patrie,
Échangeant, c'est son industrie,
Son cuivre pour de bon argent.

Émule de ceux de sa race,
De par le monde il fait grand bruit ;
Chaque chef-d'œuvre qu'il produit
Prend soudain une haute place.

Du hameau l'église autrefois,
Pauvre vieille église rustique,
Avait une clochette unique,
A la timide, à l'humble voix.

Depuis, plus grave et plus sonore,
Une cloche, au métal grossi,
La remplaçait, grâces aussi
A la main qui me donne encore.

Mais dans ce beau temple de Dieu,
Dans cette noble église neuve,
Seule, comme une pauvre veuve,
Une cloche, c'était trop peu.

Pour partager sa destinée,
Pour l'assister en son labeur,
Elle avait besoin d'une sœur,
Et voilà pourquoi je suis née.

II

Jeune cloche, ta mission
Est modeste, mais digne et sainte :
Elle est grande, quoique restreinte
Dans une étroite région.

Les habitants de ce village
Obéissant à ton appel

Au Seigneur, devant son autel,
Viendront offrir un pur hommage,

Et, vers son trône, au haut des cieux,
Leurs chants, leurs actions de grâce
Monteront, conduits dans l'espace,
Par tes accords harmonieux.

A leur destin, doux ou sévère,
Unie avec un même amour,
Tu fêteras leur premier jour,
Pleureras leur heure dernière.

Tu sonneras pour les amants
L'heure du joyeux mariage ;
L'heure aussi, l'heure du veuvage
Parfois... si doux aux survivants.

Pour la pauvre fille majeure,
Qui souffre dans son abandon
Et trompe son mal au sermon,
Du salut tu sonneras l'heure.

Tu sonneras, pour les enfants,
Celle où la classe est terminée,
Et celle où finit sa journée
Pour le rude ouvrier des champs.

Pour la pauvre femme plaintive,
De clore enfin le cabaret

Où son mari boit à long trait,
Tu sonneras l'heure tardive.

Les jours de fête, avec orgueil,
Tes sons rempliront la vallée :
Au beffroi, lente et désolée,
Tu tinteras les jours de deuil.

Aux jours de péril et d'alarmes,
Avertis par toi du danger,
Contre l'ennemi, l'étranger
Les citoyens courront aux armes !

Jeune cloche, ta mission
Est modeste, mais digne et sainte :
Elle est grande, quoique restreinte
Dans une étroite région.

III

Mais j'ignore, ô cloche nouvelle !
J'ignore encor quel est ton nom.
Pourtant à connaître il est bon :
Dis-moi donc comment l'on t'appelle?

— Tu veux mon nom ? Qu'en feras-tu ?
Qu'importe le nom d'une cloche,
Que là-haut personne n'approche,
Dont le son fait seul la vertu ?

Elle a deux noms : par un mystère
De tendre et pieuse amitié,
Chacun des deux est la moitié
Du nom d'une dame bien chère.

Bien chère, surtout en ce lieu,
Que j'aimais, moi que je révère,
Et qui repose, je l'espère,
Heureuse dans le sein de Dieu !

Déjà, sa mémoire honorée
Survit, ici, dans un vitrail,
De l'art admirable travail,
Dont cette église est décorée.

Et la cloche, de son cher nom
Conservant le dépôt fidèle,
Longtemps après nous fera d'Elle,
Parler les échos du vallon !

... Mais de ces soins, bonne Duchesse !
Ici quel besoin avons-nous,
Pour que nos cœurs pensent à vous,
Avec amour, avec tristesse ?

Janvier 1867.

POUR LA SOCIÉTÉ DRAMATIQUE DE CHAUMONT

C'est encor nous ! Troupe fidèle
A ce cher public chaumontais ;
Nous venons, pleins du même zèle,
Poursuivre nos anciens essais.
Pour vous de nos jeux dramatiques,
Lorsque nous reprenons le cours,
Messieurs, soyez-nous sympathiques,
Comme vous le fûtes toujours.

C'est avec un double programme
Que nous débutons cette fois.
Au gai vaudeville, le drame
Doit joindre son austère voix.
Mais ce serait bien malhabile
Si nous allions vous faire, hélas !
Pleurer avec le vaudeville,
Rire avec le drame, aux éclats !

J'espère une meilleure chance,
Ce qui me donne cet espoir,
C'est, Messieurs, votre indulgence ;
Ne l'obtiendrons-nous pas, ce soir ?
Si de nos talents artistiques
Le germe semblait peu fécond,
Montrez-vous bienveillants critiques,
Pour vos artistes de Chaumont.

MINUIT

Non, poëte ; à minuit, ici-bas sur la terre,
Tout n'est pas endormi : soyez-en trop certain.
Combien de malheureux, sous leur toit solitaire,
Veillent, en gémissant, de leur cruel destin !

Blotti dans son fauteuil, un vieux fauteuil Voltaire,
Près du foyer fumeux où le tison s'éteint,
Oublieux d'aviver la lampe qui l'éclaire,
Même de réchauffer la théière d'étain,

Je sais, je sais quelqu'un qui ne dort pas encore,
Qui n'ira s'endormir qu'à la naissante aurore,
Quand va chanter l'oiseau sous les feuillages verts.

Quand gazouille déjà la gentille hirondelle,
Celui-là, c'est, poëte, un vieux ami fidèle,
Qui ne peut s'arracher aux charmes de vos vers.

8 Mai 1869 (*Minuit sonné*).

A M. P...

POËTE SEXAGÉNAIRE

Merci de vos beaux vers que la prière inspire
    Et qu'anime une sainte foi !
Je les conserverai pour souvent les relire
    Avec un salutaire émoi.

Heureux qui, sur la fin d'une honnête carrière,
    Dans la sérénité du soir,
En paix, ainsi que vous, attend l'heure dernière,
    Plein de confiance et d'espoir.

Merci, mon vieux confrère ! Un pauvre octogénaire
    Vous offre le salut du cœur.
A vos pieux accents Dieu daignera, j'espère,
    Sourire et bénir leur auteur.

26 Juin 1873.

A MLLE FANNY DE M...

VENANT D'ÊTRE TRÈS-MALADE

Te voilà donc sauvée, ô ma meilleure amie,
Toi que mon cœur aima dès mes plus jeunes ans,
Qui fus toujours pour moi comme une sœur chérie,
Qui partageais si bien mes chagrins, mes tourments ;

Ange consolateur, que Dieu mit sur la terre
Pour adoucir les maux qu'il ne voulait guérir ;
Oublieuse de toi, pour toi seule sévère,
Au cri d'une douleur toujours prête à courir !

Naguères, me dit-on, d'un mal cruel atteinte,
Sans force tu gisais. Près de toi, malheureux,
Ceux-là qui t'aiment tant, pleins de trouble et de crainte,
Et presque sans espoir, priaient pour toi, pour eux !

Ton vieil âge pourtant, et ta santé si frêle
Contre ce mal funeste ont si bien combattu,
Que, grognant de dépit, le mal à tire-d'aile,
Devers les sombres bords s'en est seul revenu.

Dieu bon, soyez béni de l'avoir secourue,
D'avoir sauvé des jours qu'elle consacre à vous !
Soyez béni, Seigneur, de nous l'avoir rendue,
A nous tous qui l'aimons, qui la vénérons tous !

Parfois on entendit une parole amère,
Un murmure exhalé par de fort braves gens,
Disant : les bons s'en vont, s'en vont tous, ô misère !
Tandis qu'on ne voit pas s'en aller les méchants !

Ta guérison, Fanny, nous prouve le contraire,
Et leur plainte chagrine est de mauvais aloi.
Tu restes parmi nous, et qui donc, sur la terre
Oserait se prétendre encore meilleur que toi ?

Dieu sait bien ce qu'il fait ! Sa haute Providence,
De tes jours ne voulant point le cours abréger,
S'est dit : Ne brisons point cette sainte existence :
Il est des malheureux encore à soulager.

17 Juillet 1874.

LA PREMIÈRE COMPAGNIE DE CHASSEURS

Joyeux enfants de Chaumont,
Nous sommes fiers de ce nom :
La ville et le bataillon
Connaissent notre pompon.
    Nos chasseurs
    Dans leurs cœurs
Portent ses nobles couleurs.
    Trou la là
    Nous voilà,
La première est toujours là.

Chez nous, point de négligent :
Officier, soldat, sergent,
Comme dans un régiment,
Font le service gaiement.
    Au bruit sourd
    Du tambour,
Et vite, chacun accourt.
    Trou la là
    Nous voilà,
La première est toujours là.

Contre notre beau pays,
Du Nord si les rois maudits
Revenaient en ennemis,
Fussions-nous un contre dix,

    Levons-nous !

    Sous nos coups,

Français, qu'ils succombent tous !

    Trou la là

    Nous voilà,

La première est toujours là.

Que dans sa témérité,
Quelque parti révolté
Menace notre cité,
La Charte ou la liberté,

    Chaumontais,

    Et Français

En avant! nous sommes prêts.

    Trou la là

    Nous voilà,

La première est toujours là.

A noyer notre chagrin
Dans le punch ou le bon vin,
Si quelque gai bout-en-train
Nous provoque verre en main,

    Sans soucis,

    Réunis,

Pour boire avec les amis,

> Trou la là
> Nous voilà,

La première est toujours là.

Au Boulingrin, sur le rond,
Je vois un jeune tendron
A l'œil vil, au nez fripon,
Au pied leste, au court jupon.

> D'un amant,
> Promptement,

Fournissez la belle enfant ;

> Trou la là
> Nous voilà,

La première est toujours là.

Chez nous, de Chaumont les fils
Bras ouverts sont accueillis ;
Enfants du même pays,
Ne faut-il pas être unis ?

> Voulez-vous
> Venir tous

Fraterniser avec nous ?

> Trou la là
> Nous voilà,

La première est toujours là.

A nos frères, les soldats,
Nous ouvrons aussi nos bras :
De ces enfants des combats
S'il fallait suivre les pas,
Au danger,
Pour venger
La France de l'étranger,
Trou la là
Nous voilà,
La première est toujours là.

1831.

LA GARDE NATIONALE DE CHAUMONT

Qu'elle est belle, notre garde
Fille de la liberté !
Qu'avec orgueil je regarde
Les soldats de la cité !
  Le mot qui les rallie,
  C'est : Vive la patrie !
  Dévouement pour le roi,
  Et respect à la loi !
  En amour, comme en guerre,
  Tous, ils sauront bien faire ;
  Oui, voilà comme ils sont,
  Les enfants de Chaumont.

En avant, l'infanterie !
Grenadier au long bonnet,
Et toi, dont la compagnie
Arbore un jaune plumet ;
  Et le chasseur encore
  Au pompon tricolore ;
  En avant tous les trois
  Autour du coq Gaulois !
  En amour, comme en guerre,

Jamais face en arrière ;
Oui, voilà comme il sont,
Les enfants de Chaumont.

Plein d'ardeur et d'impatience
Le canonnier tour à tour,
Offre sa vie à la France,
Offre aux belles son amour.
  Il vole à sa maîtresse
  Comme il court à sa pièce ;
  S'il sert plus d'un tendron,
  Il sert plus d'un canon.
  En amour, comme en guerre,
  Feu ! de toute manière.
  Oui, voilà comme ils sont
  Les enfants de Chaumont.

Brave au feu de l'incendie,
Brave au feu de l'ennemi,
Le pompier pour sa patrie
Ne veut rien faire à demi ;
  Sans jamais qu'il se trompe,
  Il met l'eau dans sa pompe ;
  Mais le vin du cellier,
  Il le verse au pompier.
  En amour, comme en guerre,
  Trop de travail altère !
  Oui, voilà comme ils sont,
  Les enfants de Chaumont.

Le garde à cheval s'avance
Brillant comme pour un bal.
Faut-il montrer sa vaillance?
Il n'attend que le signal.
   Quand la gloire t'appelle,
   Cavalier, vite en selle,
   Pour vaincre au champ d'honneur,
   Ou pour soumettre un cœur.
   Au galop, ventre à terre,
   Oui, voilà comme ils sont,
   Les enfants de Chaumont.

Si quelque horde ennemie
Nous provoquait aux combats,
A l'appel de la patrie,
Nos musiciens soldats
   Viendraient à notre tête,
   Comme en un jour de fête
   Jouant avec gaîté
   L'hymne à la liberté.
   En amour, comme en guerre,
   Chanter, boire à plein verre
   Oui, voilà comme ils sont
   Les enfants de Chaumont.

1831.

SIMPLE CHASSEUR

Non, mes camarades ! de grâce,
Sur moi ne jetez pas les yeux ;
Je ne vaux rien à mettre en place
Et ne suis point ambitieux.
Assez d'autres, pour l'épaulette,
Brûlent d'une incroyable ardeur :
Je ne brûle que pour Lisette :
Ah ! laissez-moi simple chasseur !

Plus d'un, très-modeste en paroles,
Mais beaucoup moins humble en secret,
Voudrait bien jouer quelque rôle,
Et court après titre ou brevet.
Je suis une route contraire,
Je crains l'éclat, fuis la grandeur :
Argent est lourd, laine légère ;
Ah ! laissez-moi simple chasseur !

D'une égalité mensongère
Je sais bien qu'on vous tend l'appât ;
Mais on a beau dire et beau faire,
L'officier n'est pas un soldat.

L'égalité, comme je l'aime,
N'a rien de faux ni de trompeur;
Vous obéissez, moi de même;
Ah! laissez-moi simple chasseur!

Faire observer la discipline,
C'est, hélas! un rude métier :
Je plains trop ceux qu'on y destine
Pour qu'aussi j'aille en essayer.
Un chef a sans cesse à redire,
Il vous gronde, il prend de l'humeur :
Toujours avec vous je veux rire;
Ah! laissez-moi simple chasseur!

Peu m'importe que l'on s'écrie :
C'est un bon chef, en vérité!
Il mène bien sa compagnie,
Il commande avec dignité.
J'aime bien mieux, dans l'escouade,
Que vous disiez, parlant de cœur :
Il est, ma foi, bon camarade...
Ah! laissez-moi simple chasseur!

Mai 1831.

LE GRENADIER

Dans la garde nationale
De notre ville de Chaumont,
Le fier grenadier se signale
Portant haut le cœur et le front.
Fidèle à ce noble cartouche
Par La Fayette à nous dicté,
Il ne souffre pas qu'on y touche;
Ordre public et liberté!

Oui, si jamais la malveillance
Vient à troubler notre pays,
Si la guerre ramène en France
Nos bons amis les ennemis,
Grenadiers, donnons notre vie
Pour le salut de la cité,
Pour le salut de la patrie;
Ordre public et liberté!

Le grenadier de la milice
A la tête près du bonnet,
Doux et ferme dans le service,
Qu'à sa consigne on ait respect!
Librement que chacun cultive
Le bon vin, l'amour, la gaîté;

Mais qu'en paix tout le monde vive ;
Ordre public et liberté !

Ici l'on jure, on crie, on pleure
A fendre le cœur de pitié ;
Un bon mari, dans sa demeure,
Corrige sa tendre moitié.
Voisin, tu peux battre ta femme
Qui, sans doute, l'a mérité,
Mais ne criez pas tant, Madame ;
Ordre public et liberté !

Que vois-je là, sous le feuillage,
Dans un bosquet du Boulingrin !
C'est un couple heureux, je le gage,
Qui me semble un peu trop en train.
De prendre un amant, chaque belle
A bien le droit en vérité ;
Mais cachez-vous, Mademoiselle ;
Ordre public et liberté !

A boire, la bourgeoise, à boire !
Versez encor, versez toujours !
Le bon vin, la chose et notoire,
Est l'avant-garde des amours.
Mais, soumis à Monsieur le Maire,
Quand a le couvre-feu tinté,
Partons, l'amour après le verre ;
Ordre public et liberté.

1831.

LES MUSICIENS

Le musicien de la milice,
De la milice de Chaumont,
Tonton, tonton, tontaine, tonton,
Est bien noté dans le service,
C'est lui qui donne à tous le ton;
Tonton, tontaine, tonton.

Dans notre demi-compagnie,
Il est plus d'un joyeux garçon;
Tonton, tonton, tontaine, tonton,
La paix y règne et d'harmonie
On peut chez nous prendre leçon;
Tonton, tontaine, tonton.

Le musicien avec les belles
Aime à se mettre à l'unisson;
Tonton, tonton, tontaine, tonton.
Et quand il vient chanter près d'elles,
Un soupir finit la chanson;
Tonton, tontaine, tonton.

Comme le compère Grégoire
Qui s'oubliait parfois, dit-on,
Tonton, tonton, tontaine, tonton,
Si le musicien aime à boire,
Pourquoi pas, quand le vin est bon?
Tonton, tontaine, tonton.

1831.

LA DEUXIÈME COMPAGNIE DE CHASSEURS

Dans la deuxième compagnie
Nous sommes de joyeux chasseurs.
Le vin, les belles, la Patrie
A la fois règnent sur nos cœurs.
Zélés à faire notre office
Auprès d'elles, auprès de lui,
Même pour un double service,
Aucun de nous n'a jamais fui.

Des belles nous sommes esclaves,
Du bon vin nous sommes amis,
Et de notre patrie en braves
Nous chargerions les ennemis.
A garder notre bonne ville
Nous sommes prêts le jour, la nuit.
Que chacun y dorme tranquille,
Nous ne ferons pas trop de bruit.

Avec nous, dans le corps de garde
L'ennui pénètre rarement :
La veillée est un peu gaillarde,
On n'y fait pas de sentiment.

L'égalité franche y préside
Et la sainte fraternité;
La gaîté toujours y réside,
Compagne de la liberté.

Peut-être dans notre tenue
L'arbitraire offre un peu d'excès;
Mais passez nos cœurs en revue
Tous sont des cœurs de bons Français.
Sous ces habits de fantaisie
Libres de forme, de couleurs,
Dans la deuxième compagnie
Nous sommes de joyeux chasseurs.

10 Avril 1848.

CHASSEURS DE LA PREMIÈRE

Voici le tambour qui rappelle
Dans tous les quartiers de Chaumont :
Au devoir, au drapeau fidèle,
Le chasseur à s'armer est prompt.
Chasseurs de la première,
On ne verra jamais l'un de nous en arrière.

Si du sort un simple caprice
Dans les rangs nous mit les premiers,
Pour le cœur, dans notre milice
Nous ne serons pas les derniers.
Chasseurs de la première,
On ne verra jamais l'un de nous en arrière.

Sans fierté hautaine et jalouse
L'égalité règne chez nous :
L'honnête homme, en habit, en blouse,
Doit marcher de pair avec tous.
Chasseurs de la première,
On ne verra jamais l'un de nous en arrière.

Pour la devise fraternelle
Nous professons respect et foi :

De cette devise si belle
Dieu n'a-t-il pas fait une loi?
Chasseurs de la première,
On ne verra jamais l'un de nous en arrière.

Dévoués à notre patrie
Et chérissant notre cité,
Dans nos cœurs leur culte s'allie
Au culte de la liberté.
Chasseurs de la première
On ne verra jamais l'un de nous en arrière.

Et s'il fallait pour leur défense
Contre un ennemi faire front,
En dignes enfants de la France,
En dignes enfants de Chaumont,
Chasseurs de la première,
On ne verra jamais l'un de nous en arrière.

Partisans du jus de la treille,
Sans être ennemis de l'amour,
Pour vider gaîment la bouteille,
Aux belles pour faire la cour,
Chasseurs de la première,
On ne verra jamais l'un de nous en arrière.

1er Mai 1848.

ADIEUX A LA GARDE NATIONALE

DÉDIÉS A MES AMIS

DE L'ANCIENNE ET DE LA NOUVELLE PREMIÈRE COMPAGNIE

Calmant son ardeur guerrière,
Un Chaumontais — un peu vieux,
Aux chasseurs de la première
Chantait ainsi ses adieux :
Enfants, mon affaire est faite !
Le temps de sa lourde main,
En battant la retraite,
    Me guette,
Pour me réformer demain.

Dans notre urbaine milice,
Officier ou bien soldat,
J'ai par vingt ans de service
Payé ma dette à l'Etat.
C'était en mil huit cent trente
Que je m'enrôlais ici ;
La France était ardente,
    Contente ;
Ma foi, je l'étais aussi.

Sans ambition, sans brigue,
Et sans goût pour le clinquant,
J'ai mis toute mon intrigue
A n'être rien de marquant.
Le sabre du capitaine
Était trop lourd pour mon bras;
Mais l'épaulette à graine
> De laine
Sur le dos ne pèse pas.

Tel veut s'ériger en maître
Au nom de la liberté;
Tel plus grand que tous veut être
Au nom de l'égalité.
Ma république est moins fière;
Parmi vous, en vérité,
J'aimais dans la première,
> Mieux faire
De bonne fraternité.

Gardez, gardez bien sans cesse
Ce sentiment entre vous!
L'âme en a plus de noblesse,
Le service en est plus doux.
De notre ville bénie
Fils à sa garde commis,
> Que votre compagnie
> Unie
Ne compte que des amis.

Avec vous, les nuits de garde,
Fugitif du lit de camp,
J'aimais fumer la bouffarde,
Boire la bière en trinquant.
J'aimais sur la table sale,
Qu'éclaire un maigre flambeau,
  Clarté municipale,
     Si pâle,
Faire un cent de domino.

Quand, devant l'Hôtel de Ville,
Je faisais ma faction,
La cité dormait tranquille
Sous tant de protection.
En patrouille, plein de zèle,
Parfois un vieux souvenir,
  Dans plus d'une ruelle
     Pas belle,
M'arrachait un doux soupir.

J'aimais, en grande tenue,
Pantalon d'été, d'hiver,
Aller passer la revue
Du préfet, au Fort-Lambert.
Là se rendent les coquettes;
Mais — pour moi quel désespoir!
  — Ces aimables fillettes
     Follettes
N'y venaient plus pour me voir.

Puisqu'il n'est donc rien qui serve
Quand on devient trop ancien,
Au contrôle de réserve,
Comme un pauvre propre à rien,
Enfants, je me réfugie ;
J'y ferai du moins encor,
   De votre compagnie,
      Partie ;
Le vieux chasseur n'est pas mort.

Non, il n'est pas mort encore
Et s'il vous fallait jamais
Sous le drapeau tricolore,
L'immortel drapeau français,
Pour sauver notre patrie
Marcher contre des tyrans,
   Ou contre l'anarchie
     Impie,
Je reviendrais dans vos rangs.

Et, sous l'ombre d'une treille,
Si quelqu'un vous convoquait
A vider une bouteille,
Dans un amical banquet,
Pour ce charmant exercice
Si notre sergent-major
Me mettait de service,
     D'office,
Je dirais : Présent encor.

Puis, quand au bout de mon thème
Je devrai, tard ou bientôt,
Filer vers l'appel suprême
Qui pour tous se fait là-haut,
Sans fracas d'aucune sorte
Laissez-moi partir en paix,
Content si, pour escorte,
J'emporte,
Des bons enfants les regrets!

Août 1850.

LES ADIEUX DU CONSCRIT

Bon courage!
Au jeune âge
On porte gaîment au front
La cocarde :
Que Dieu garde
L'honnête enfant de Chaumont!

Puisque ma main fut assez inhabile
Pour ne pas prendre un des bons numéros,
Je suis soldat! De garçon bien tranquille
Le sort ainsi me transforme en héros.

Bon courage!
Au jeune âge,
On porte gaîment au front
La cocarde:
Que Dieu garde
L'honnête enfant de Chaumont!

O mon pays, ma ville tant aimée!
En te quittant je sens faiblir mon cœur!
Mais ne crains rien, dans les rangs de l'armée,
De tes enfants je soutiendrai l'honneur.

Bon courage
Au jeune âge,
On porte gaîment au front
La cocarde :
Que Dieu garde
L'honnête enfant de Chaumont !

Adieu mon père; adieu ma bonne mère;
Ne pleurez pas, vous me verrez encor.
Peut-être un jour, l'enfant du prolétaire
Vous reviendra capitaine ou major.

Bon courage !
Au jeune âge,
On porte gaîment au front
La cocarde :
Que Dieu garde
L'honnête enfant de Chaumont !

De mon enfance, amis et camarades,
Le verre en main, faisons-nous nos adieux.
Parfois, enfants, buvez quelques rasades
A ma santé — qui n'en ira pas mieux.

Bon courage !
Au jeune âge
On porte gaîment au front
La cocarde :

Que Dieu garde
L'honnête enfant de Chaumont!

Pendant nos jours de trop joyeuse vie
A la chaumière, en vidant pinte et pot,
J'ai tant chanté : Mourir pour la patrie,
Que la patrie enfin m'a pris au mot.

Bon courage!
Au jeune âge,
On porte gaîment au front
La cocarde :
Que Dieu garde
L'honnête enfant de Chaumont.

Mourir pour elle, oui, c'est bien beau, sans doute,
Soldat français, j'y suis prêt, comme à tout;
Mais, à mon choix, je prendrais l'autre route,
Pour elle vivre étant plus de mon goût.

Bon courage !
Au jeune âge
On porte gaîment au front
La cocarde :
Que Dieu garde
L'honnête enfant de Chaumont!

Adieu, Fifine; adieu, mademoiselle!
Il faut partir; belle, séparons-nous.

L'heure a sonné : le tambour qui rappelle
M'est le signal d'un moins cher rendez-vous.

Bon courage !
Au jeune âge,
On porte gaîment au front
La cocarde :
Que Dieu garde
L'honnête enfant de Chaumont !

Nous n'irons plus, le soir et le dimanche,
En tête-à-tête — Ah ! pour moi quel chagrin !
Votre beau bras appuyé sur ma manche,
Nous promener autour du boulingrin.

Bon courage !
Au jeune âge
On porte gaîment au front
La cocarde :
Que Dieu garde
L'honnête enfant de Chaumont !

Il faut partir ! Adieu donc, ô ma chère !
Pensez à moi ! pensez au pauvre absent !
Aux amoureux qui viendront pour vous plaire
Fermez la porte, en viendrait-il un cent.

Bon courage
Au jeune âge,

On porte gaîment au front
La cocarde :
Que Dieu garde
L'honnête enfant de Chaumont !

En garnison, moi près d'une fillette,
— Histoire, hélas ! de tromper mes regrets,
S'il m'arrivait d'aller conter fleurette,
C'est que pour vous, bien sûr, je la prendrais.

Bon courage
Au jeune âge,
On porte gaîment au front
La cocarde :
Que Dieu garde
L'honnête enfant de Chaumont !

Après sept ans d'une absence cruelle
Je reviendrai, brûlant du même feu.
M'attendrez-vous ? Resterez-vous fidèle,
Pendant sept ans ?... Excusez-moi du peu.

Bon courage
Au jeune âge,
On porte gaîment au front
La cocarde
Que Dieu garde
L'honnête enfant de Chaumont !

Février 1851.

IDYLLE

Forêt antique et solitaire,
Doux gazons, ombrages si beaux,
Permettez que je vous préfère
Mon lit de plume et mon rideau.
Riant coteau, site champêtre,
Pré, vallon, montagne, verger,
J'aime à vous voir... par la fenêtre,
Du fond de la salle à manger.

Habitants de ce bois sauvage,
Cerfs et Chevreuils, lièvres et daims,
Ah! ne prenez aucun ombrage
Du fusil qui charge mes mains.
Pour vous je suis peu redoutable,
Restez en paix dans vos taillis :
Je ne vous combattrai qu'à table,
Lorsque vous serez bien rôtis.

Et vous, Nymphes, que je révère,
Divinités de ces forêts,
De vos faveurs je n'ai que faire,
Elles ont pour moi peu d'attraits.
A vos charmes qu'un autre aspire,
Mes yeux n'en seraient pas séduits;
Je leur préfère un seul sourire
De la maîtresse du logis.

Rimaucourt, 16 Octobre 1847.

LE CONVERTI

Vainement j'ai loué les belles
En me proclamant leur martyr;
Je n'ai trouvé que des cruelles
Qui m'ont empêché de dormir.

N'obtenant rien de ce sexe intraitable,
J'avais changé mes inclinations
Et célébré les trésors de la table;
Ils m'ont donné des indigestions,

Couché sur la verdure
Du gazon parfumé,
En chantant la nature,
Je me suis enrhumé.

Je ne savais plus que faire,
L'écarté me vint tentant;
J'y jouai, pour me distraire,
Et j'y perdis mon argent.

Las! je n'ai plus d'espoir que dans un meilleur monde
Où je pourrai du moins, exempt de tout danger,
Faire à la fois l'amour, à la brune, à la blonde,
Jouer, prendre le frais, chanter, boire et manger.

A M. DE M...

Votre chef et le mien, dans certaine maison,
Ont changé de couvercle, hier, je le soupçonne.
La moitié seulement de l'aventure est bonne ;
J'aimerais à vous voir coiffé de ma façon,
Mais moi je voudrais bien ne l'être par personne.

A MADAME ...

POUR LE JOUR DE SA FÊTE

———

Hélas, hélas! pauvre poëte,
Te voilà pris au dépourvu.
Quoi! pour une aussi belle fête,
Ne pas trouver un impromptu?
Une disgrâce aussi funeste
Vient de me rendre à moitié fou,
Et vos charmes faisant le reste,
Je vais me pendre..... à votre cou.

———

LA GRANDE MASCARADE

Enfin, voici le carnaval,
Temps heureux de joie et liesse !
Momus a donné le signal
Des jeux, des ris et de l'ivresse.
Du monde tel est le tracas,
Telles sont les formes fantasques ;
Tous les jours sont des mardi gras,
Et tous les hommes sont des masques.

De cent flatteurs environné,
Parce qu'il roule en équipage,
Ce marquis nouveau blasonné
Se croit vraiment un personnage :
Sur tout il tranche, et d'un seul mot
Règle les destins de la France :
Cet homme si vain n'est qu'un sot
Sous le masque de l'importance.

Un auteur s'incline bien bas
Lorsque l'on vante son génie :
La femme aimable ne veut pas
Qu'on lui dise qu'elle est jolie :

Ils détestent les compliments.....
Mais à leur mine épanouie,
Voyez comme ils gobent l'encens
Sous leur masque de modestie.

Cet autre a le regard méchant
Et porte une longue rapière,
Lui seul à tout un régiment,
Il ferait mordre la poussière;
L'ennemi vient... mon fanfaron
Doucement va plier bagage :
Ce héros n'est plus qu'un poltron,
Paré du masque du courage.

Jeune fillette de seize ans
A l'amour se montre rebelle,
Et repousse tous les amants
Qui viennent soupirer près d'elle.
Pourtant, leurs aveux pleins d'ardeur,
Reçus d'un air d'indifférence,
Font tressaillir son petit cœur,
Malgré son masque d'innocence.

Tête basse et roulant les yeux,
Les bras en croix sur la poitrine,
Voyez ce Tartuffe pieux,
Droit vers le ciel il s'achemine :
A travers ses fausses vertus,
Bientôt, montrant son infamie,

Le saint homme ne sera plus
Qu'un masque affreux d'hypocrisie.

L'amour, je le dis à regret,
N'est aussi qu'une mascarade :
Pour captiver un doux objet,
De beaux dehors on fait parade.
Voulez-vous voir à vos genoux,
Mesdames, l'amant le plus tendre ?
Pour plaire à chacune de vous,
Dites-moi quel masque il faut prendre.

Février 1821.

LE BON TEMPS D'A PRÉSENT

J'enrage qu'on nous rabaisse
Dans mille tristes récits,
Et qu'on répète sans cesse,
Que tout va de mal en pis.
Moi, voyant le train du monde,
D'y vivre je suis heureux,
  Et je dis à la ronde :
  Tout va de mieux en mieux.
    Plein d'humeur,
    Qu'un prôneur,
  Du temps de nos pères,
  Gronde à tout propos
Et s'irrite de nos défauts ;
    Écoutant,
    En riant,
  Ses discours sévères,
  Nous, joyeusement,
Chantons le temps d'à présent.

Grace au progrès des lumières,
Aujourd'hui nos jeunes gens

En savent plus que leurs pères
Avant de quitter les bancs ;
Demain il faudra peut-être,
Entre eux changeant de métier,
  Que l'écolier soit maître
  Et le maître écolier.
     Plein d'humeur,
     Qu'un prôneur,
   Du temps de nos pères,
  Gronde à tout propos
Et s'irrite de nos défauts ;
     Écoutant,
     En riant,
   Ses discours sévères,
  Nous joyeusement
Chantons le bon temps d'à présent.

Sur les affaires publiques
  Désormais plus de soucis ;
Des plus adroits politiques
  Tous les salons sont remplis.
  Renversant le ministère,
  Tel qui seul est sans appui
  Veut gouverner la terre,
  N'est pas maître chez lui.
     Plein d'humeur,
     Qu'un prôneur,
   Du temps de nos pères,
  Gronde à tout propos

Et s'irrite de nos défauts ;
Écoutant,
En riant,
Ses discours sévères,
Nous joyeusement
Chantons le bon temps d'à présent.

Par leur valeur sans seconde,
Nous avons vu nos guerriers
Dans l'un et dans l'autre monde
Moissonner force lauriers ;
De tous ces foudres de guerre,
Pour imiter les hauts faits,
Chacun est militaire.....
Depuis qu'on est en paix.
Plein d'humeur,
Qu'un prôneur,
Du temps de nos pères,
Gronde à tout propos
Et s'irrite de nos défauts ;
Écoutant,
En riant,
Ses discours sévères,
Nous joyeusement
Chantons le bon temps d'à présent.

Pour les mœurs chacun professe
Le respect le plus profond ;

On verrait, chez nous, Lucrèce
Passer pour avoir du front.
Les hommes, avec mystère,
Se voilent d'épais fichus,
　Et les femmes, j'espère,
　Bientôt n'en mettront plus.
　　Plein d'humeur,
　　Qu'un prôneur,
　Du temps de nos pères,
　Gronde à tout propos
Et s'irrite de nos défauts;
　　Écoutant,
　　En riant,
　Ses discours sévères,
　Nous, joyeusement,
Chantons le bon temps d'à présent.

Autrefois pour sa bergère
On brûlait si longuement!
Aujourd'hui nous savons faire
Galoper le sentiment.
On jure d'être fidèle,
On tient..... tant qu'on peut tenir :
　On ne trompe sa belle
　Que pour la prévenir.
　　Plein d'humeur,
　　Qu'un prôneur,
　Du temps de nos pères,
　Gronde à tout propos

Et s'irrite de nos défauts;
      Écoutant,
      En riant,
   Ses discours sévères,
  Nous, joyeusement,
Chantons le bon temps d'à présent.

Sans s'aimer l'on se marie,
A quoi bon tant d'embarras?
Après la cérémonie
L'amour vient..... ou ne vient pas.
Dans la chaleur de leur zèle,
Les futurs voudront bientôt,
  Laissant la demoiselle,
  Ne prendre que la dot.
      Plein d'humeur,
      Qu'un prôneur,
  Du temps de nos pères,
  Gronde à tout propos
Et s'irrite de nos défauts,
      Écoutant,
      En riant,
   Ses discours sévères,
  Nous, joyeusement,
Chantons le bon temps d'à présent.

Contre les femmes on glose,
On tient cent mauvais propos;
Le plus habile homme n'ose

Dire s'ils sont mauvais ou faux
Moi, je les crois innocentes,
Surtout si ces dames sont
Partout aussi charmantes,
Que celles de Chaumont.
Plein d'humeur,
Qu'un prôneur,
Du temps de nos pères,
Gronde à tous propos
Et s'irrite de nos défauts;
Écoutant,
En riant,
Ses discours sévères,
Nous, joyeusement,
Chantons le bon temps d'à présent.

Février 1821.

CHANSON DE NOCE

Savez-vous comment il se fait
Qu'on soit heureux en mariage ?
Voici, Messieurs, tout le secret :
Que votre femme ait en partage
    Grâce, esprit, vertus....
      Et bon revenus,
N'en demandez pas davantage.

Mon Dieu ! qu'il faut donc de façon
Pour se mettre dans son ménage !
Dites-moi, quel besoin a-t-on
De faire tant de tripotage ?
    Quand le cœur dit oui,
      La raison aussi,
Doit-on exiger davantage ?

Mais avant la conjugaison,
Regardez quel remu-ménage,
Affiche et publication,
Le notaire et son verbiage ;
    Et puis le verbal,
      Du municipal.....
En faut-il encore davantage ?

A son tour Monsieur le Curé
Veut mettre la main à l'ouvrage;
Dans un gros livre tout doré
Il nous lit maint et maint passage.
    Puis d'un grave ton,
    Prononce un sermon.....
Ah! n'en dites pas davantage!

Heureusement de la raison
A table finit l'esclavage;
Les bons mots pleuvent à foison;
On profite du voisinage.
    Qu'on est bien ici!
    Ah! tenons-nous-y.
Que nous faudrait-il davantage?

Mais on râcle le violon...
Mari, jouis de ton partage.
La valse au milieu du salon,
Doux tête-à-tête te ménage.
    Elle et toi d'amour
    Parlez tour à tour...
Que voudrais-tu donc davantage?

Enfin, voyant qu'il se fait tard,
L'épouse en secret déménage,
Baissant son mobile regard,
Et deux roses sur le visage.

Bientôt le mari
S'éclipsant aussi.....
Ah ! je n'en sais pas davantage.

Croyez que le couple charmant
Revivra dans plus d'une image :
Entre eux deux, l'amour aidant,
Ils vous présenteront, je gage,
Dans neuf ou dix ans,
Neuf ou dix enfants :
Mais il n'en faut pas davantage.

Pour célébrer des nœuds si doux,
D'esprit j'eusse fait étalage;
C'est qu'en Champagne, voyez-vous,
L'esprit n'est guère à notre usage.
Mais nous vous offrons
Des cœurs francs et bons,
N'en demandez pas davantage.

1828.

LA CHARITÉ

Qu'avez-vous ? Quel esprit fantasque
Vous met ainsi tous en rumeur ?
Messieurs, je ne suis point un masque !
Je suis une fille d'honneur.
Les enfants m'appellent leur mère
Et je la suis, en vérité.....
Là, Mesdames, point d'air sévère,
N'oubliez pas la Charité.

Toujours vivre en un ermitage,
C'est triste, soit dit entre nous :
Et je viens, suivant mon usage,
Faire carnaval avec vous.
Vous le savez, quoique recluse,
Je n'ai pas trop d'austérité :
J'aime qu'on rie et qu'on s'amuse...
N'oubliez pas la Charité.

Partout, dans vos cercles, on fronde,
On blâme, on critique à plaisir ;
On se moque du pauvre monde,
On médit pour se divertir.
Pourtant, il faut quelque mesure,
Rions, mais sans malignité ;

Que légère soit la piqûre,
N'oubliez pas la Charité !

Combien d'adorateurs, Mesdames,
Auprès de vous perdent leur temps !
Mais on voit les plus vives flammes
S'éteindre faute d'aliments.
Il ne suffit pas d'être belles,
Il faut un peu d'humanité.
Soyez, ah! soyez moins cruelles,
N'oubliez pas la Charité !

Et vous, aimables demoiselles,
Qui tournez dix têtes par jour,
Gardez-vous bien d'être rebelles
Aux lois du petit dieu d'amour.
Si quelqu'amant d'un cœur sincère
Vous vient jurer fidélité,
N'allez point vous mettre en colère,
N'oubliez pas la Charité.

Je vois bien que je vous ennuie,
Un mot encore et je finis.
Quand vous passez tous votre vie
Dans les jeux, les festins, les ris,
Je n'ai, pour nourrir ma famille,
Que votre libéralité :
Aidez un peu la pauvre fille...
N'oubliez pas la Charité !

25 Février 1829.

UNE LOTERIE POUR LES PAUVRES

Accourez tous, petits et grands,
C'est tout à l'heure qu'on la tire,
Et, quand il en est encor temps,
Hâtez-vous de vous faire inscrire.
Laissez là l'écarté banal,
A plus beau jeu l'on vous convie ;
C'est le grand jeu, le jeu royal,
Mettez vite à la loterie.

Des pauvres qui sont aux abois,
Pour mieux soulager la détresse,
De blanches mains, de jolis doigts
Ont lutté de zèle et d'adresse.
Voyez tous ces produits charmants
De la plus aimable industrie ;
Ils sont à vous pour quelques francs...
Mettez vite à la loterie.

Par un mécanisme nouveau
Personne à perdre ne s'expose,
Et tout porteur d'un numéro
Est sûr de gagner quelque chose :

Par chaque billet de vingt sous
Une infortune est adoucie;
N'est-ce pas gagner à tous coups?
Mettez vite à la loterie.

Ici, pour des beaux bras bien ronds,
J'ai des bracelets, des manchettes;
Et là, pour les jeunes garçons,
J'ai des ménagères parfaites;
J'offre des bonbons au gourmand;
A la jeune épouse pâlie
Je présente un bonnet d'enfant...
Mettez vite à la loterie.

Ici, j'ai des nœuds de rubans
Pour attacher beauté volage;
Là, j'ai de gracieux écrans
Pour protéger gentil visage;
Pour former, dès ses jeunes jours,
Fillette à la coquetterie,
Une poupée en grands atours...
Mettez vite à la loterie.

J'ai des tapis et des paniers,
Des porte-montre, des pelotes,
Des bourses, des calendriers,
De philotriques papillotes;
En premier choix, j'ai des couteaux,
Des fleurs que la nature envie;

Nous aurons aussi des nigauds...
Mettez vite à la loterie.

Si le hasard favorisait
Les vœux que mon cœur ose faire,
J'obtiendrais... voilà mon secret,
Tâchez, Mesdames, de le taire.
Et vous qui convoitez bien fort
L'ouvrage d'une main chérie,
Messieurs, confiez-vous au sort,
Mettez vite à la loterie.

Que n'ai-je pu fournir aussi
Quelque joli petit ouvrage!
Soyez indulgents, car voici,
Hélas! voici tout mon bagage ;
Et dussiez-vous, pour seul guerdon,
Gagner ma pauvre poésie,
Le motif, au moins, en est bon...
Mettez vite à la loterie.

24 Février 1830.

POUR UNE LOTERIE

Voilà mon modeste tribut :
Mesdames, pourra-t-il vous plaire ?
Hélas ! pour atteindre ce but
Jusqu'ici je n'ai rien su faire.
Puissé-je, enfin, moins malheureux,
Parmi les blondes, les brunettes,
Allumer quelques petits feux,
Au moyen de mes allumettes.

Si par un propice destin
Ce lot tombait à quelque belle,
Je lui dirais d'un air bénin :
Madame, ou bien, mademoiselle !
Comme une mèche de coton,
J'ai pris feu, beauté trop parfaite :
D'amour vous êtes un tison
Et mon cœur est une allumette.

Mais si, pour combler mon malheur,
L'aveu de mon tendre martyre
Au lieu de toucher votre cœur,
Cruelle, doit vous faire rire,
Plaignez, du moins, mon embarras,
Et de ma pauvre chansonnette,
Promettez de ne faire pas
Autre chose qu'une allumette.

Janvier 1832.

LA PIPE DE TERRE

Je ne suis, il est vrai, qu'une pipe de terre,
Pauvre pipe d'un sou, bien humble et bien vulgaire.
Mais de qui le fumeur se plaît à faire emploi,
Car mon mérite est sûr, on y peut avoir foi.
Le mérite n'est pas dans la riche matière
Ni dans les beaux dehors, et la pipe du Roi,
Dans sa magnificence a beau faire la fière,
Elle n'est qu'une pipe, après tout, comme moi.

1844.

MA POLITIQUE

En France, on change de régime
Un peu souvent, en vérité ;
La république a mon estime,
J'estime aussi la royauté.
Mais sur elles, quand je m'exprime,
Ma foi, pour plus de sûreté,
Accordant la raison, la rime,
Je dis : Vive la... liberté !

Juillet 1848.

MADRIGAL

Mes petits madrigaux
S'appellent des gluaux.
Dames et demoiselles,
En effet ne sont-elles
Pas comme des oiseaux,
Aussi légers que beaux ?
De ces petits rebelles
En engluant les ailes
On les rend plus fidèles
Au moins quelques instants ;
Ainsi qu'eux sont les belles
Mais pour bien moins de temps.

Septembre 1852.

ON DEMANDE UNE BONNE

Un vieux rêveur, seul et sans gouvernante,
En voudrait une, et, ne la trouvant pas,
Recourt à nous, gazette complaisante,
Pour faire au loin savoir son embarras.

Près d'arriver au bout de la carrière
Et du parcours fatigué bel et bien,
Pour achever son étape dernière,
Il a besoin désormais d'un soutien.

Ignorant fort la chose domestique,
Il doit par goût, non moins que par raison,
Abandonner à sa servante unique
Le soin entier de mener la maison.

Telle, au village, en l'humble presbytère,
Du vieux curé la servante à chevrons,
Du temporel fait son active affaire,
Laissant à lui la messe et les sermons.

Pour prendre en main, chez notre vieil ermite,
Ce petit sceptre — un sceptre citadin,
Voici l'état des genres de mérite
Que doit avoir l'intendant féminin :

Il la voudrait exempte de lignée,
Légale ou non, exempte de mari,
Veuve à toujours ou fille résignée,
D'âge apaisé, cherchant un sûr abri.

Il la voudrait, ni belle, ni jolie,
Ni laideron, entre chardon et fleur,
— L'objet qu'on voit tous les jours de la vie
A tout le moins ne doit pas faire peur.

Il la voudrait modeste cuisinière ;
Ayant souci, plus que d'un cordon bleu,
D'une économe et sage ménagère,
Sans grand savoir, pouvant tout faire un peu.

Il la voudrait pieuse, non dévote,
Simple de cœur et même un peu d'esprit,
Sachant tout juste écrire et mettre en note
Les déboursés d'un budget fort petit.

Homme de paix, de liberté, d'étude,
Et, hors du monde, à sa façon vivant,
Il la voudrait aimant la solitude,
D'austère humeur, point maussade pourtant,

Point curieuse, et surtout point bavarde.
Si ce phénix existe quelque part,
Les gens de bien du pays qui le garde
Sont invités à nous en faire part.

25 Janvier 1857.

COMPLAINTE DE JEAN-CLAUDE

Mercredi, monsieur Jean-Claude,
S'étant levé du matin,
Descendait le Magasin
Avec sa pipe et sa blaude.
On aurait dit d'un huissier
Ou bien d'un agent voyer.

Où c'est donc qu'il s'achemine
Avec un air si gaillard ?
Il s'en va-t-au Beauregard
Pour voir madame Ernestine
Et pour manger du pâté
Au cas qu'il en soit resté.

En montant les treize assiettes,
Leste et gai comme un pinçon,
Il regarde à l'horizon,
Et voyant les côtes nettes,
Bon ! qu'il se dit en dedans,
Je vas avoir du beau temps.

Mais, en entrant dans la gare,
Il voit d'un œil étonné
Que tout semble abandonné
Et que rien ne s'y·prépare :
Oh! fit–il, que je suis sot !
J'arrive beaucoup trop tôt.

Interrompant sa besogne,
Un petit Monsieur qui rit
Dit : Le train de Vigneri
Bientôt va-t-être à Bologne.
Mais on peut attendre ici
Très-bien le train de midi.

Pour lors, le pauvre Jean-Claude,
Pas content et bien honteux,
Il s'en retourna chez eux
La mine toute penaude.
Qu'a-t-il le plus regretté
De la dame ou du pâté?

5 Octobre 1859.

INVITATION

Aimeriez-vous la tarte en pomme ?
Aimez-vous la tasse de thé,
Qu'édulcore un doigt de rogome
De la Jamaïque importé,
Et par le marchand frelaté,
Grâce à ce qu'en France l'on nomme
Le progrès, que Jacques Bonhomme
Par ce mot, grandement flatté,
Admire avec naïveté ?
Aimeriez-vous, durant l'écraigne,
Près l'âtre, assis en demi-rond,
A manger la molle châtaigne,
Que chanta Virgile Maron,
Et qu'en l'estomac fait descendre
Un vin blanc plus rude que tendre
Aux côtes d'Aluin récolté.
Bravez-vous un air empesté
Par le tabac que la régie
Dans une damnable industrie,
(Qu'un autre appellerait flouerie)
Nous vend trop cher en vérité ?

Aimez-vous (c'est tout au plus si j'ose
Vous demander ceci bien bas)
Aimez-vous plus que toute chose
La liberté, qu'en France, hélas !
On ne peut plus trouver pour cause
Que dans une maison bien close,
Dont les murs narguent le mouchard?
En peu nombreuse compagnie,
Sans façon, sans cérémonie,
Goûtez-vous, un peu sur le tard,
Une amicale causerie
Dont la gauloise bonhomie
Fait tout le fond, est tout le fard,
Où, soit qu'on s'indigne ou qu'on rie,
Une parole trop hardie
Ou quelque irrévérend brocard,
(Même frisant un peu la hart)
N'exposent personne au hasard
De voyager en Algérie,
Escorté de gendarmerie,
Comme un prince ou comme un pendard?
Vers les neuf heures moins un quart,
(C'est, je crois, du beau monde l'heure),
Dans cette tranquille demeure
Où, sans bruit, obscur à l'écart
Vit, confiné dans sa chambrette,
Comme en son gîte un vieux renard,
Comme en son trou quelque chouette,
Une espèce d'anachorète

Dont par l'âge l'affaire est faite,
Autrefois, assez égrillard,
Dit une chronique indiscrète,
Mais qui, honteux de sa défaite,
En est devenu tout grognard ;
Il vous attend ; il vous souhaite ;
Il vous espère ; ayez égard
A ce cri d'appel qu'il vous jette.
Donnant au diable l'étiquette,
Venez en voisin sans toilette,
En robe de chambre, en jaquette,
En képi, bonnet ou casquette,
Venez animer la retraite,
De Jean-Claude Victor Froussard.

1859.

MES CARTES PHOTOGRAPHIQUES

A MADAME LA DUCHESSE DE C.....

Oh ! qu'il est vieux ! oh ! qu'il est laid,
Celui dont voici le portrait !
Que veux-tu, face de Carême ?
Mais dans ce vieux corps tout défait,
Des ans bravant l'outrage extrême,
Est un cœur demeuré le même,
Qui depuis quarante ans vous aime,
Daignez l'accepter, s'il vous plaît.

A MADAME O'C.....

Si ma photographique image
Avait tourné le dos aussi
Comme la vôtre (dont j'enrage),
Ce me serait double dommage.
Car je ne vous vois point ici,
Et chez vous cette image-ci
Ne vous verrait pas davantage.

A Madame C. Q.....

Vous désirez mon effigie,
Aimable dame, la voici ;
Mais que ferez-vous, je vous en prie,
De ce vieux bonhomme noirci ?
De votre désir je m'honore,
Et j'en suis bien fier de tous points ;
J'en serais bien plus fier encore
Si j'avais.... cinquante ans de moins.

A Mademoiselle C. B.....

Ne le prenez pas pour un saint,
Le vieux monsieur ici dépeint ;
Mais il s'amendera, j'espère,
En vivant près de vous, ma chère.
De vos vertus prenant leçon,
Vous voyant si modeste et bonne,
Je crois que le diable en personne
En deviendrait meilleur garçon.

A Madame C. du B...

C'est votre sœur qui l'a choisie,
Comme mon fidèle portrait,
Cette image si fort noircie :
Mais je proteste, et s'il vous plaît,
A votre cœur je me confie,
Pour la faire bien recevoir,
En ne vous laissant pas me voir
Aussi diable que je suis noir!

A Madame la Marquise de F....

Voici venir le vieux hibou,
Qui s'est échappé de son trou,
Pour vous voir, marquise bien chère.
Cet honnête enfant de la nuit
Redoute le soleil qui luit :
Voyez, il cligne la paupière,
C'est qu'il ne peut, le pauvre vieux,
Supporter l'éclat de vos yeux.

A Madame A. G.....

Dans votre album, à ma figure,
Quoi vous donnez place vraiment?
Elle n'en sera pas, j'en jure,
Hélas! le plus bel ornement.
Sur une page moins légère
D'un autre album, avec bonheur,
J'espère une place plus chère,
Cet autre album est votre cœur.

A Madame C. du B.....

Quoiqu'il n'ait pas sa belle blaude,
Sa chère pipe de deux sous,
Son noble feutre au rebords mous,
Reconnaissez le vieux Jean-Claude,
Qui, tout meurtri de mille coups,
Et cherchant un destin plus doux,
Se réfugie auprès de vous.

A MADAME DE V.....

Pardon si je vous présente
La figure mal plaisante
De ce vieux monsieur si noir.
Je voudrais, certes, pouvoir
Vous l'offrir plus avenante,
Mais, si vous en voulez voir
Une autre douce, charmante,
Que nous aimons, tous, présente,
Et que réclament, absente,
Nos vœux, notre cher espoir,
Mon cœur ou votre miroir
Vous la montreront vivante.

A MADAME G. DE F....

Une belle aisément s'engage
Sans grand scrupule sur ce point.
Vous m'aviez promis votre image,
Votre image, je ne l'ai point.
Eh bien ! donc, qu'à cela ne tienne ;
J'oublie une juste rigueur ;
Que votre image ou non me vienne,
Pour votre album ayez la mienne,
J'aurai la vôtre dans mon cœur.

A Madame M. de B.....

Quoi ! vous voulez cette triste figure ?
C'est lui faire beaucoup d'honneur,
Et pour l'original, c'est aussi, je vous jure,
Aimable dame, un vrai bonheur.
Auprès de vous ainsi vivra ma souvenance...
Un jour... quand avec nonchalance
Tournant les lourds feuillets de l'album tranché d'or,
Vous verrez tout à coup ma vieille ressemblance,
Si vers les temps enfuis votre esprit prend l'essor,
Dites-vous : Il m'aimait dès ma plus tendre enfance,
Aujourd'hui, j'en suis sûre, il m'aimerait encor.

A Madame de C.....

Ce vieux monsieur tout gris, aimable dame brune,
Le reconnaissez-vous pour votre admirateur ?
Souvenez-vous qu'ici vous avez été l'une
(Et vous l'êtes toujours) des reines de son cœur.
Si le pauvre homme a l'air de bien méchante humeur,
C'est qu'il ne savait pas qu'un jour, jour trop flatteur !
D'être agréé par vous il aurait la fortune.

POUR MON ALBUM

Par je ne sais quel art fatal,
Cette image laide et vieillie,
Ne ressemble pourtant pas mal ;
Car si l'on vous dit : « Je vous prie,
« Qui donc est de cette copie
« L'original? » chacun s'écrie :
Parbleu, la demande est jolie,
C'est Jean-Claude l'original.

1862.

EAU DE NOYAUX

A NOTRE THÉ DE LA MI-CARÊME

Suivant les leçons du bon père,
Le plus disert des capucins,
Nous voilà, Messieurs, je l'espère,
Devenus plus d'à moitié saints.
Pour aider à sa propagande,
Laissez-moi vous recommander
Cette vieille liqueur d'amande,
Afin de mieux vous amender.

3 Mars 1864.

A. M. B...

INVITATION A UN PETIT THÉ, A LA MI-CARÊME

Le vieux hibou, dans sa demeure,
Toujours mouchant,
Toussant, crachant,
Avec son œil qui toujours pleure,
Offre un aspect des plus touchants.
Il ne peut lire,
Ne peut écrire
Et n'ose pas
Au dehors faire un pas.
Grâce à la grippe,
Même la pipe,
La pipe, hélas !
A pour lui moins d'appâts.
Un ami dans ce trouble extrême,
Lui vient, qu'on doit bien recevoir.
Voulez-vous avec moi, ce soir,
Fêter l'ami-carême ?

3 Mars 1864.

A MADAME DE V...

A votre doux titre de mère
Vous ajoutez, je ne sais quoi,
Un grand mot qui me désespère
Et que je n'ai pas lu, ma foi!
Une épithète telle quelle
Quatre fois revient sous vos doigts,
Mais trois fois ma vue est rebelle ;
Ce n'est que la dernière fois
Que j'ai lu tout couramment : Belle.

19 Avril 1864

SOUVENIR D'UN BEAU JOUR

QUI ESPÈRE UN LENDEMAIN

Quand j'étais jeune, on me reprochait d'être,
Il m'en souvient, un damné garnement.
Qu'avais-je fait, pourtant, pour le paraître ?
Rien qu'aimer trop un sexe trop charmant.
De même encore, aujourd'hui je l'admire,
A ses pieds j'aime à brûler mon encens,
Mais à présent, nul n'y trouve à redire...
Qu'on est heureux d'avoir quatre-vingts ans !

En ce temps-là, dame ni demoiselle
N'aurait osé, tant j'étais peu vanté,
Même en passant, m'effleurer de son aile,
Ni me toucher du bout d'un doigt ganté.
Mais aujourd'hui, la chose est très-licite,
Et la beauté, sans craindre les cancans,
Fût-ce le soir, vient me rendre visite :
Qu'on est heureux d'avoir quatre-vingts ans !

Comme, au matin, une brillante aurore
Vient réjouir un triste jour d'hiver,
Jeune beauté daignait, hier encore,
Venir me voir, j'en suis heureux et fier !
On voit ainsi la fleur près de la neige.
Sur les hauts monts que glacent les autans.
C'est du vieil âge un bien beau privilége :
Qu'on est heureux d'avoir quatre-vingts ans !

11 Février 1865.

MINETTE

C'est la mère Michel
Qui a perdu son chat...

En vain ma voix inquiète,
T'appelle à grand cris, hélas !
La tienne ne répond pas,
O ma petite Minette !

Voici déjà huit grands jours
Que je ne t'ai pas revue :
O Minette ! Est-tu perdue,
Es-tu perdue à toujours ?

Nous t'avons partout cherchée.
Ici, dans les alentours,
Caves, greniers, jardins, cours :
Où peux-tu t'être cachée ?

De nos quartiers as-tu fui
Par quelque peur effarée ?
Et, dans la ville égarée,
Cours-tu plaintive aujourd'hui ?

Es-tu peut-être enfermée,
Dans quelque lieu souterrain,
Où tu vas, affreux destin !
Mourir, mourir affamée ?

As-tu péri par la dent,
De quelque dogue féroce ?
Par la cruauté précoce,
De quelque méchant enfant ?

Ta longue absence me jette,
Dans un trouble plein d'effroi :
Reviendras-tu près de moi,
O ma petite Minette ?

Je ne t'aimais pas d'abord,
Et souvent j'ai cherché noise,
Dans mon dépit, à Françoise,
Qui t'a soustraite à la mort.

Car tu n'étais pas trop belle,
Et pour moi (chacun son goût),
La beauté passe avant tout,
Qu'on soit chatte ou demoiselle.

Estimant fort la bonté,
La respectant à l'extrême,
Que voulez-vous, moi je n'aime
Je n'aime que la beauté.

Mais à la note plaintive
De ton humble petit cri,
Qui semblait dire : merci !
Grâce ! oh ! permets que je vive !

Mon cœur s'émut de pitié,
Je t'admis dans la famille ;
Puis, te voyant si gentille,
Je te pris en amitié.

Et toi, comme intelligente
Tu semblais, soir et matin,
Par tes caresses sans fin
Te montrer reconnaissante !

Pourquoi donc as-tu quitté
L'hospitalière demeure,
Où tu trouvais à toute heure
Bien-être et sécurité ?

Quelle maison dans la ville,
Et dans le département,
A tant de chats, galamment,
Offre un pareil domicile ?

S'il n'est pour eux, en effet,
Un paradis que sur terre,
C'est, grâce à ma ménagère,
Sans doute, chez moi qu'il est.

Dans ce séjour de liesse,
Le nombre est grand, des élus ;
Et j'ai beau n'en vouloir plus,
Ce nombre augmente sans cesse.

Ce petit chat est si beau !
Le tuer serait dommage :
A quelqu'un du voisinage,
On en fera bien cadeau.

Cette chatte était promise.
Elle n'eût pas été bien ;
Ces gens-là, sont gens de rien.
Et Françoise l'a reprise.

Cet autre, est un chat perdu !
Il miaulait à cœur fendre !
Pauvre bête ! il faut le prendre,
Attendant qu'il soit rendu.

Et c'est ainsi qu'attendrie,
Par un touchant intérêt,
Ma ménagère m'a fait
Toute une ménagerie.

Si bien que l'on ne sait pas,
Nous voyant leur faire fête,
Qui peut être le plus bête,
De moi, d'elle ou de nos chats.

Pourquoi donc as-tu, Minette,
Quitté si bonne maison ?
As-tu laissé ta raison
Au fond de quelque amourette ?

Le bonheur que tu trouvais,
Ici, près de ton vieux maître,
Quelque part que tu puisses être,
Tu ne l'auras plus jamais.

Fut-il race plus gâtée ?
Vous me voyez destiner
Le meilleur de mon dîner
A vous faire une pâtée.

Françoise va vous chercher,
Pour vous maintenir en joie,
Un bon gros morceau de foie
Chez Paietonos, le boucher.

Sur mon fauteuil, bien à l'aise,
Vous voyant vous prélasser,
Pour ne pas vous en chasser,
Moi je vais prendre une chaise.

Lorsque j'écris prose ou vers,
Sur moi, si l'un vient se mettre,
Il faut bien le lui permettre,
Et j'écris tout de travers.

La nuit, quand le froid vous glace,
Sur nos lits, sous l'édredon,
Vous vous glissez sans façon,
Prenant la plus belle place !

Et Françoise, comme moi,
Pour que vous dormiez tranquilles,
Nous nous tenons immobiles,
Quoique fort gênés, ma foi !

Par la porte ou la fenêtre,
Vingt fois si l'un veut sortir,
Entrer, vingt fois pour ouvrir,
On court, il n'a qu'à paraître.

Même la nuit, si tu sors,
Ou Mina, Miss, ou Miquette,
Françoise, en courte jaquette
S'en va vous chercher dehors.

N'es-tu qu'ingrate, infidèle,
Cherchant une autre amitié ?
En ce cas-là, de moitié
Ta perte m'est moins cruelle.

Car on en trouve partout
Des ingrates par douzaines ;
Et l'on trouve par centaines
Des infidèles, surtout.

Et, coutumier de la chose,
J'en prends fort peu de souci,
Sachant très-bien, Dieu merci,
D'avance à quoi l'on s'expose.

Mais voici que l'ouragan
Avec fureur nous assiége :
Une avalanche de neige
Couvre tout d'un manteau blanc.

Le ciel, sans lune, est bien sombre,
Du vent le souffle est glacé,
Et chaque objet effacé
Disparaît dans l'épaisse ombre.

Si, dans un quartier lointain,
Te retient ton imprudence,
Par cette obscurité dense
Comment trouver ton chemin ?

Et si, pour rentrer au gîte,
Ton instinct t'a fait défaut,
As-tu pu, du moins, tantôt
Trouver un trou qui t'abrite ?

On ne peut courir les toits,
Périlleuse est la gouttière,
La rue inhospitalière
Et les greniers sont bien froids...

Cette nuit, près de l'église,
On entendait, par moments,
De plaintifs miaulements
Qu'au loin emportait la brise.

D'un pauvre chat fourvoyé
C'étaient les cris de détresse
Qu'écoutait avec tristesse
Le passant apitoyé.

Puis la plainte devint lente
Et puis l'on n'entendit plus
Que les sifflements aigus
Et la voix de la tourmente.

O Minette! Était-ce toi?
Était-ce toi, pauvre bête,
Qui jetais dans la tempête
Ce sinistre cri d'effroi?

Février 1865.

A MADAME O'C....

Venue à l'improviste

Vous arrivez comme une bombe,
Non une bombe d'artilleur,
Portant le trouble et la frayeur
Autour d'elle, ainsi qu'une trombe,

Mais comme le globe joyeux
Que le feu d'artifice chasse,
Et qui, s'entr'ouvrant dans l'espace,
Éblouit et charme les yeux.

Et moi j'accours près de vous, belle,
Comme le pauvre papillon
Qu'attire un traître lumignon,
Et qui se brûle à la chandelle.

5 Juin 1866.

ÉLÉGIE APRÈS DINER

Gentille petite bête,
Pauvre petit oisillon,
Hier tu coürais en fête,
Joyeuse dans le sillon,

De la malice ignorante,
Ignorante du danger !...
Et moi, pauvrette innocente,
Moi, je viens de te manger.

Mais tu me vins déjà morte,
Sans quoi je n'eusse commis,
— Ou que le diable m'emporte ! —
Ce crime, ô jeune perdrix !

Oh ! oui, vivante venue,
Loin de te voir embrocher,
A la liberté rendue
Tu m'aurais vu te lâcher.

Embrocher ! mais je me vante
D'un luxe inconnu chez nous.
Ma Françoise, peu savante,
Ne te mit pas même aux choux.

De toi, pièce délicate,
Contre les règles de l'art,
Elle me fit une plate,
Une sotte entrée au lard !

C'est bien fait ! C'est pour m'apprendre
A priver d'un tel gibier
Celle que de sa chair tendre
Il eût dû rassasier.

Car, ô petite farouche,
Ton sort eût été bien beau.
Une rose et fraîche bouche
Devait te croquer, perdreau.

Pour une si belle dame,
Mourir n'est-ce pas heureux ?
Vivre aussi ; ça, sur mon âme,
Je l'aimerais encor mieux.

5 Septembre 1866.

ADIEUX AU PETIT CHAT

DE M. LE CURÉ DE CONDES

Petit chat blanc, noir, jaune et gris,
Dont j'élevai la tendre enfance
Avec tant de soins, de constance,
C'est un adieu que je te dis !

Un triste adieu que je déplore
Et dont mon cœur est tout marri :
Viens sur ce cœur, pauvre chéri,
Que Françoise t'embrasse encore !

Tu pars donc ! Tu fuis sans retour
Cette cuisine hospitalière,
Où de nos chats la bande entière
Prends ses ébats la nuit, le jour !

Je m'y résigne quand je pense
Que tu t'en vas dans un saint lieu
Où t'offre, un saint homme de Dieu,
Le logement et la pitance.

Là-bas, tu trouveras aussi
Cour et jardin, salon, cuisine...
Reste à savoir si par Rosine
Tu seras mieux choyé qu'ici...

Tâche, en ce béni presbytère,
Où tu vas être inauguré,
D'avoir l'estime du curé,
La faveur de la ménagère.

Si monsieur l'abbé, sur ton dos
Sa main passe avec mignardise,
Comme un brave chat d'église,
Dis-lui bien vite ton *Credo*.

Montre-toi plein de gentillesse,
Sois fidèle, bon serviteur,
Sois aimant, sois un chat de cœur
Sans pourtant chanter à la messe.

Apprends à chasser aux souris,
Apprends à faire aux rats la guerre,
Noubliant pas, à ta prière,
D'ajouter : ô rats, *pro nobis!*

La gourmandise est un grand vice,
Respecte le garde-manger;
Ne t'expose pas au danger
De te faufiler à l'office.

Comme cela, petit Minet,
Au bon curé tu sauras plaire,
Et lui plaisant, tu sauras faire
Dire aux paroissiens : Le chat plaît.

Octobre 1866.

LEÇON DE GRAMMAIRE

L'INSTITUTEUR

Dis—moi, sacristain, mon ami,
Trouves-tu, dans ta tête grise,
En quoi diffère la lettre *i*
Du clocher de la vieille église?

LE SACRISTAIN

Mais oui, je le devine un peu
Et sans le secours de personne;
L'*i*, c'est la voyelle, parbleu!
Et le clocher, c'est là qu'on sonne.

3 Août 1868.

LA GOUVERNANTE DU VIEUX GARÇON

Monsieur, il faut que je sorte
Pour aller me promener,
Qu' Monsieur aill' donc à la porte
Si l'on vient chez nous sonner.
Faut pas qu' Monsieur se récrie,
De me voir partir ainsi :
C'est que j'vas avec Marie,
Notre voisine d'ici.

Monsieur j'ai fait ma besogne,
Rien n'y manque en vérité ;
Dans la bouilloire l'eau grogne,
Pour le tilleul, pour le thé,
J' vons faire un' petit' causerie,
Point médisant', Dieu merci !
Un instant avec Marie,
Notre voisine d'ici.

Monsieur serait bien aimable,
S'il voulait bien, sans retard,
Faim ou non, se mettre à table,
A six heures moins un quart,
Vu qu'à six heur's et demie
Nous devons partir aussi,
Pour le bain, avec Marie,
Notre voisine d'ici.

                                        30 Juillet 1872.

COMPLAINTE DU VIEUX JEAN-CLAUDE

Hier, comme à l'ordinaire,
Ayant fini mon dîné,
J'ai dit à ma bonn' : Venez,
Me donner mon petit verre
Avec du sucre dedans,
Pour me nettoyer les dents.

Ell' me répond, sans mystère :
Monsieur, je n'ai pas le temps ;
Dans la cuisine, on m'attend,
C'est Annett' not' couturière,
Qui vient causer un p'tit peu
Avec moi, au coin du feu.

Sitôt que la conférence,
Entre elle et moi finira,
Et qu'Annette s'en ira,
Alors, j'viendrai, si j'y pense,
Porter à Monsieur, viv'ment.
Le p'tit verre qu'il attend.

Alors moi, voyant la chose,
Et sachant qu'il ne faut pas
Déranger, en aucun cas,

Une femme, quand ell' cause,
C'est moi qui leur ai porté,
Le p'tit verr' pour leur santé.

La moral' de cette affaire,
C'est qu'en voulant garder son
Indépendance, un garçon
Qu'est encore célibataire,
Quand vient l'arrière-saison,
N'est plus l'maître en sa maison.

6 Août 1872

PAUVRE MINETTE

Plus blanche que l'hermine blanche,
Si leste en tes joyeux ébats,
Aimant mieux ronfler sur ma manche,
Que de courir après les rats,

Fine, coquette, minaudière,
Gourmande, comme on ne l'est pas,
Hantant un peu trop la gouttière
Avec toutes sortes de chats,

Ce n'était pas très-bien, Minette,
Mais, malgré ces légers défauts,
Mon indulgence était complète,
Quand tu me faisais le gros dos.

Hélas ! hélas ! la voilà morte,
Ma charmante chatte angora ;
Mes amis, venez faire escorte,
A cette chère bête-là,

Qui, pour avoir une caresse,
De vous, qu'elle connaissait tous,

Sans façon, avec gentillesse,
D'un bond sautait sur vos genoux.

Au jardin, j'ai creusé la terre,
Sous un lis blanc, au long pistil :
C'est là que nous irons lui faire
Un bel enterrement civil.

23 Juin 1873.

A MADAME DE Sᵀ-S...

Sur cette branche que je cueille,
Belle dame, malgré l'hiver,
Grâce à la douceur de l'air,
Déjà l'on voit poindre une feuille.

Du vieil âge bravant les coups,
Quand votre sourire m'accueille,
Je fais comme le chèvrefeuille,
Je reverdis auprès de vous.

2 Février 1874.

AUX DAMES PATRONNESSES DE L'ORPHELINAT

Refuser une aimable dame,
Est impossible assurément,
En refuser trois, sur mon âme,
Serait par trop impertinent.

Recevez ma petite offrande
Avec indulgence et bonté ;
Je voudrais la faire plus grande,
Je ne le puis, en vérité.

J'en éprouve un regret extrême,
Mais voyez quel est mon destin,
Tout en étant pauvre, moi-même,
Je suis de plus un orphelin,

Qui, dans votre pieux asile,
Retrouverait un sort bien doux,
S'il pouvait, en ce lieu tranquille,
Mesdames, vivre auprès de vous.

20 Mars 1874.

NOIRE ET BLANCHE

Deux noires, suivant l'orphéon,
Valent une blanche, dit-on.
C'est une erreur, erreur profonde.
Moi je soutiens, avec raison,
Que toutes les noires du monde,
Ne valent pas la blanche blonde.

10 Avril 1875.

LE FUMEUR

Moi je commence et j'achève
Chaque journée en fumant :
Je fume, quand je me lève,
Le doux tabac du Levant.
Le soir, quand gît trop fidèle,
Ma femme, au lit, m'appelant,
Je fume, en allant, vers elle,
Du tabac de Mary-land.

CHAUMONT

Notre ville est aimable et belle !
Séjour de paix, de liberté,
Chaumontais, ayons tous pour elle,
Des chants d'amour et de fierté !
Autour de nous, dans la campagne,
Par les vallons, sur les forêts,
Que du haut de notre montagne,
Planent les hymmes chaumontais !

Enfants de la colline agreste,
Sur ces rochers, ces champs pierreux,
Si pour nous la vie est modeste,
Sans bruit nous y vivons heureux.
D'autres lieux, par la Providence,
Furent doués de plus d'attraits ;
Aucun ne nous plaît mieux, en France,
Que notre pays chaumontais.

Trempé par l'air rude et sauvage,
Qui souffle des bois, des coteaux,
Le Chaumontais, sait d'âge en âge,
Accomplir de nobles travaux.

Parmi les noms qu'inscrit la Gloire,
Aux murs d'airain de son palais,
L'immortel burin de l'histoire,
Grava plus d'un nom chaumontais.

Voyez sur cette insigne liste,
Le poëte et l'homme d'Etat,
Le lévite auprès de l'artiste,
Le savant auprès du soldat (¹).
Dans cette phalange d'élite,
De la gloire, illustre congrès,
A l'appel de chaque mérite,
Répond un digne Chaumontais.

Leurs noms, où tant d'éclat rayonne,
A travers la postérité,
D'une filiale couronne,
Ornent le front de la cité.
Inspirons-nous de leur exemple,
De leur vertu, de leurs succès,
Et que chacun d'eux ait un temple,
Dans le cœur de tout Chaumontais.

Pour vivre ensemble en cette enceinte,
Par Dieu placés, aimons-nous tous!
Du Christ, que la parole sainte,
Soit une sainte loi pour nous!

---

(1) Pierre Lemoine. — Montmirel. — Rose. — Bouchardon. — Guyard. — Gouthières. — Juvet. — Général Girardon. — Baron Dufour. — Duc de Crès. — Comte Damrémont, etc., etc.

Près des ossements de nos pères,
A Clamart, reposant en paix,
Nous, leurs enfants, soyons tous frères,
Dignes fils des vieux Chaumontais.

Aux étrangers donnons asile :
Qu'ils soient ici les bienvenus,
Et que chacun, dans notre ville,
Nous devienne un ami de plus.
Mais, non moins fiers que nos ancêtres,
Maîtres chez eux, et non sujets,
Chaumontais, ne souffrons pour maîtres,
A Chaumont que les Chaumontais !

Aimons surtout comme une mère,
La ville où nous vîmes le jour :
Pour la garder libre et prospère,
Veillons sur elle avec amour.
Le cri de vive la patrie !
Est notre cri de bons Français :
Vive notre ville chérie !
C'est le cri des bons Chaumontais.

CHAUMONT

Toujours est belle la patrie :
Si d'autres l'emportent sur toi,
Chaumont, ô ma ville chérie !
Ton séjour est seul doux pour moi.
Tu vis ma faible enfance éclore,
Et naître mon premier amour,
Puis le second, d'autres encore...
Heureux temps, enfui sans retour !

Hélas ! te voilà bien changée !
Le temps de ta gloire est passé,
Et ta rivale trop vengée
Rit de voir ton lustre effacé.
Mais moi, je t'aime en ta détresse,
Comme un ami tendre et courtois
Aime encor la pauvre maîtresse,
Qui fut jeune et belle autrefois.

J'aime ta rue un peu déserte
Propice aux entretiens discrets ;

J'aime ta colline si verte
Qu'ombrage un jeune bois si frais.
Là-haut, coquettement assise,
Le front toujours fier, toujours beau,
Tu te mires dans la Suise...
Quand il lui plaît d'avoir de l'eau.

Au vieux donjon, sur la montagne
Les beaux pages, les échansons
Du comte Thibaut de Champagne
Répétaient les douces chansons.
La noble tour de Hautefeuille,
Frémirait de bien autres chants,
A tous les vauriens qu'elle accueille,
Si l'on donnait la clé des champs.

J'aime notre gothique église,
Dont les clochers percent les cieux,
Où l'art coupe la pierre grise,
En cent détours capricieux.
J'aime la cloche, vieille amie,
Qui pour tous sonne tour à tour,
Joyeuse au matin de la vie,
Plaintive au soir du dernier jour.

J'aime la clochette modeste
Du collége ornant le beffroi :
Voilà bien longtemps qu'elle y reste
A souffrir la pluie et le froid.

A son église riche et belle
Sa voix semble en vain reprocher
Pour une si belle chapelle
D'avoir un si vilain clocher.

L'hôtel de ville, dont j'admire
L'élégante construction,
A fêté République, Empire
Et même Restauration.
Sur cette charmante mairie
Quelqu'insigne qu'on ait planté,
N'y lisons jamais : Anarchie !
Lisons-y toujours : Liberté !

Dès longtemps ville intelligente,
Chaumont a son théâtre aussi :
Elle en est fière, elle s'en vante,
Et pourtant n'en prend plus souci.
Quand ici la scène est déserte,
On soupire après les acteurs ;
Mais dès que la salle est ouverte,
Il n'y vient point de spectateurs.

O prodige de la science !
Arrachée à son lit profond,
L'eau du vallon monte et s'élance
Pour jaillir tout en haut du mont.
Mais partout cette belle eau claire
Se prodigue à nous presque en vain :

Le Chaumontais, quand il s'altère,
A l'eau préfère le bon vin.

Bastions construits par nos pères,
Pour s'y défendre en gens de cœur,
Grâce à vos remparts tutélaires,
Chaumont jadis fut sans vainqueur !
Des vieux temps, redisant l'histoire,
Pour notre ville et pour nous tous,
Ces murs sont des titres de gloire :
Chaumontais, les abattrez-vous?

Dans la jeunesse, âge fertile,
L'Escargot me vit mettre en train
Des romans que le tour de ville
Achevait presqu'au Boulingrin.
Le Fort-Lambert sous son ombrage
Abritait ces folles amours.
Aujourd'hui, tout aussi peu sage,
J'y regrette encor ces beaux jours.

Ce dôme bleu, que je contemple
Plein d'un respect religieux,
De la charité c'est le temple,
Qu'ériga le riche pieux.
Peut-être en la fortune adverse
Y trouverai-je un port fatal,
L'emploi de rimeur que j'exerce
Menant tout droit à l'hôpital.

Là-bas, auprès du Saint-Calvaire,
Les grands tilleuls de leurs rameaux
Et de leur ombre séculaire
Protégent le champ des tombeaux.
J'aime à rêver dans cet asile,
Où, quand sonne l'heure du sort,
S'en vont les enfants de la ville
Dormir près d'un ami qui dort.

A M. E. V...

En remerciement de l'envoi qu'il a bien voulu me faire
de son Idylle Chaumontaise sur Saint Roch.

———

Merci de votre aimable offrande.
J'ai lu vos vers avec bonheur.
Comme au soir de la vie, on relit la légende
Où l'on trouvait, enfant, un plaisir enchanteur.

De votre pittoresque idylle,
Les tableaux si vifs et si vrais
Ont fait dans mon vieux cœur, dans ma veine sénile
Se réchauffer encore le vieux sang chaumontais.

J'aimais aussi, dans ma jeunesse,
De Saint-Roch le plateau désert.
Rêveur, j'y promenais ma joie ou ma tristesse,
En errant au hasard sur son tapis gris-vert.

J'aime encor cette solitude
Et j'aime ses bosquets charmants,
Mais non pas sans dépit de la similitude
Qu'avec son ancien crâne ont faite au mien les ans.

Ainsi qu'à vous, elle m'est chère,
Notre humble cité de Chaumont,
Qui, sur sa roche assise, en sa sèche rivière,
Vainement, dans l'été, cherche à mirer son front.

C'est une bien petite ville !
Mais c'est notre natal séjour,
C'est notre bonne mère, et dans son sein tranquille
Ne nous a-t-elle pas bercés avec amour?

A la filiale tendresse
Que font grandeurs, titres et rangs?
La mère pauvre est chère, autant que la princesse,
Aux enfants que chacune a portés dans ses flancs.

Aimons donc, aimons-la sans cesse,
Notre ville, d'un cœur pieux !
Et vous, jeune poëte, en votre douce ivresse,
Trouvez pour elle encor des vers harmonieux,

Chantez-la, muse chaumontaise,
Chantez cette autre Amaryllis,
Redisant à Saint-Roch, sous l'ombre d'un mélèze,
Son nom, nouveau Tityre, aux échos des taillis.

MA CHANSON D'OUTRE-TOMBE

Comme une voix qui vient de l'autre monde,
Oyez, amis, ma dernière chanson ;
Répétez-en le refrain à la ronde,
Et n'allez pas en prendre le frisson.
De vos regrets l'assurance m'est chère,
Mais de pleurer sur moi ce n'est le cas,
Dieu me donnant peu de bonheur sur terre,
Mes chers amis, ne me plaignez donc pas.

Depuis un an que vers mon dernier gîte
En pompe un jour, vous m'avez escorté,
Me voici fait au pays que j'habite,
Je ne me suis jamais si bien porté.
On a toujours quelque peur pour sa vie,
Mais une fois qu'on a passé le pas,
On ne craint plus docteur ni maladie :
Mes chers amis, ne me plaignez donc pas.

Chez les mortels où triomphe le vice,
Où la vertu succombe sans soutien,
Ne voit-on pas l'envie et la malice
Se déchaîner contre l'homme de bien !
Mais chez les morts, la police est mieux faite ;
Suivant son goût, dans les sombres États,

Chacun peut être impunément honnête :
Mes chers amis, ne me plaignez donc pas!

Travaillant fort, ne m'enrichissant guère,
Et jusqu'au bout resté petit garçon,
Quand je vivais, j'étais un pauvre hère,
Un roturier à traiter sans façon.
Mais en ces lieux, quoique la foule abonde,
Banquiers, marquis, ministres, potentats,
J'y suis, ma foi, l'égal de tout le monde :
Mes chers amis, ne me plaignez donc pas!

Pendant longtemps, cachés dans mon armoire,
Vos doux présents, ces liqueurs, ces vins vieux,
Je les gardais, mes amis, pour les boire
Nous tous ensemble, au jour victorieux
De mon hymen, en honneur de Madame...
Ou vous sans moi, l'an d'après mon trépas...
Je n'en bus point! — Mais je n'eus point de femme:
Mes chers amis, ne me plaignez donc pas!

J'aimai beaucoup, j'aimai plus d'une belle ;
Je fus aimé quelquefois, entre nous ;
Mais, trop souvent, trompé par l'infidèle,
Je payai cher les instants les plus doux.
D'amour, ici, nul ne porte les chaînes,
Plus de conquête et de tendres ébats!
Plus de bonheur!... Mais aussi plus de peines!
Mes chers amis, ne me plaignez donc pas!

Vous souvient-il de ces rapides heures
Que nous charmions par tant de gais propos ?
Combien de fois,— au sein de vos demeures,
Auprès de vous j'oubliai tous mes maux !
En y pensant, de regret je soupire...
Mais tôt ou tard, en ces tristes climats,
Ensemble encore, un jour nous pourrons rire :
Mes chers amis, ne me plaignez donc pas !

En attendant, soyez heureux sur terre :
Et si la mort vous cause de l'effroi,
Pour la braver, remplissez votre verre
Et buvez bien... hélas ! buvez sans moi !
Mais avec vous, si je ne peux plus boire,
Vous aimerez, dans vos joyeux repas,
A rappeler par un toast ma mémoire :
Mes chers amis, ne me plaignez donc pas !

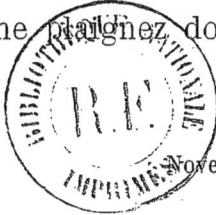

Novembre 1838.

IMPRIMERIE Vᶜ ÉTHIOU-PÉROU ET A. KLEIN, RUE DAMIETTE, 2 ET 4